# 多维度视域下的高校体育教学工作研究

李彦松 著

吉林科学技术出版社

**图书在版编目（CIP）数据**

多维度视域下的高校体育教学工作研究 / 李彦松著
. -- 长春 : 吉林科学技术出版社, 2022.4
ISBN 978-7-5578-9294-4

Ⅰ. ①多… Ⅱ. ①李… Ⅲ. ①体育教学－教学研究－高等学校 Ⅳ. ①G807.4

中国版本图书馆CIP数据核字(2022)第072673号

# 多维度视域下的高校体育教学工作研究

著　　李彦松
出 版 人　宛　霞
责任编辑　钟金女
封面设计　北京星月纬图文化传播有限责任公司
制　　版　北京星月纬图文化传播有限责任公司
幅面尺寸　185mm×260mm
开　　本　16
字　　数　203 千字
印　　张　9.875
印　　数　1-1500 册
版　　次　2022年4月第1版
印　　次　2022年4月第1次印刷

出　　版　吉林科学技术出版社
发　　行　吉林科学技术出版社
地　　址　长春市南关区福祉大路5788号出版大厦A座
邮　　编　130118
发行部电话/传真　0431-81629529　81629530　81629531
81629532　81629533　81629534
储运部电话　0431-86059116
编辑部电话　0431-81629510
印　　刷　廊坊市印艺阁数字科技有限公司

书　　号　ISBN 978-7-5578-9294-4
定　　价　48.00元

# 作者简介

李彦松，男，汉族，1981年2月出生，辽宁大连人，硕士。现就职于大连交通大学，讲师职称。主要研究方向：体育教育。2011年以副主编身份在吉林大学出版社出版著作《体育健身游戏》。2012年在《体育文化导刊》以第一作者发表论文《我国体育收藏研究》；参编高等教育出版社教材《大学体育（理论）》。2013年参与校级教学研究项目《工科大学生“定向运动”课程教学内容体系的研究与实践》。2014年以副主编身份在中国铁道出版社出版教材《大学专项体育教程》。2015年主持辽宁省教育厅科学研究项目《建立普通高校〈学生体质健康标准〉测试长效机制的实现思路》；参与辽宁经济社会发展立项课题《辽宁地区社会体育指导员队伍创新发展模式研究》。2017年在《体育科技》独著发表论文《影响大学本科男生体质健康测试成绩因素的研究》；在《当代体育科技》独著发表论文《普通高校建立体质测试长效机制实施效果的数据分析》。

# 前　言

体育教学历史悠久，古已有之。随着人类社会的发展，体育教学经历了一个不断充实、完善的过程。在其发展的过程中，现代体育教学逐渐发展成科学的教学、全面的教学，培养德、智、体、美全面发展人才的教学。如今，体育教学越来越受到人们的重视，在社会中发挥着越来越重要的作用。

本书以“多维度视域下的高校体育教学工作研究”为选题，在内容编排上共设置六章：第一章是高校体育教学概论，内容涵盖高校体育教学目标与规律、高校体育教学内容及发展、高校体育教学的基本原则；第二章研究体育文化与高校体育文化、高校体育教学中体育文化建设的意义、高校体育教学中体育文化建设的路径；第三章围绕拓展训练与高校体育教学、高校体育教学工作中开展拓展训练的特点与模式、高校体育教学工作中开展拓展训练的路径展开论述；第四章探究高校体育教学模式及其创新、生态体育视域下高校体育教学模式优化原理、生态体育视域下高校体育教学模式优化路径；第五章对后现代主义与体育教学评价、后现代主义对高校体育教学评价的启示、后现代主义视域下高校体育教学评价模式进行全面分析；第六章突出创新性，研究“互联网＋”与体育教学工作的融合发展、“互联网＋”视域下高校体育教学工作的运行机制、“互联网＋”视域下高校体育教学的多维度、“互联网＋”视域下高校体育网络教学平台的建设。

本书体现出科学性与实用性的结合、理论性与实践性的结合，而且更注重体育教学设计相关技术与技能的培养，可为读者提供操作性较强的体育教学设计思路与方法。

笔者在撰写本书的过程中，得到了许多专家学者的帮助和指导，在此表示诚挚的谢意。由于笔者水平有限，加之时间仓促，书中涉及的内容难免有疏漏之处，希望各位读者多提宝贵意见，以便笔者进一步修改，使之更加完善。

# 目　录

# 第一章　高校体育教学概论

## 第一节　高校体育教学目标与规律

### 一、高校体育教学的目标

“体育教学目标来源体育课程目标，是预期的学生学习结果或学习活动预期应达到的标准。体育教学目标是指体育教学活动主体预先确定的、在具体体育教学活动中所要达到的、利用现有技术手段可以测量的教学结果。”①

#### (一)高校体育教学目标的结构

1.高校体育教学目标的外部特征

高校体育教学目标的外部特征，就是不属于体育教学目标内容以内的，但规定着体育教学目标内容的特点与标志等。具体而言，高校体育教学目标的外部特征主要如下：

(1)体育教学目标的层次。体育教学目标是有层次结构的，而且不同的层次结构在功能方面是有一定差异的。此外，体育教学目标的层次结构又有横向与纵向之分。

体育教学目标的横向层次。体育教学目标的横向层次，从实质上来说反映了各种具体的体育教学目标之间的关系。具体来看，体育教学目标从横向角度大致可以分为知识目标、体能目标、技能目标和情意目标。这几个方面的目标是相互独立又有一定联系的，对于总体体育教学目标的实现发挥着重要的制约作用。

体育教学目标的纵向层次。体育教学目标的纵向层次，从实质上来说

① 张细谦.体育课程与教学论[M].广州：广东高等教育出版社，2013:23.

反映了体育教学目标的上下层次关系。具体来看，体育教学目标从纵向角度来说大致可以分为课程教学目标、水平教学目标、学年教学目标、单元教学目标、课时教学目标等。

(2)体育教学目标的着眼点。教学目标都是围绕着需要解决的问题来制定的，“需要解决的问题”便是教学目标的着眼点。只有切实明确了教学目标的着眼点，所制定的教学目标才能更有针对性和可操作性。基于此，高校在制定体育教学目标时，首先要明确需要解决的教学问题。

2.高校体育教学目标的内部要素

在了解了体育教学目标的外部特征后，就可以来了解其内部要素了。具体而言，高校体育教学目标的内部要素主要如下：

第一，条件。条件是决定目标难度的因素，在规定目标难度和学习进度时，可以利用目标中的条件因素来进行变化。以排球垫球来说，目标“自己抛球后将球垫起”和“接垫同伴隔网抛来的球”在难度上是不同的，而使难度不同的是垫球的条件。

第二，标准。在对目标的难度进行改变时，标准也是一个十分重要的因素。以排球垫球来说，目标“垫出的球要达到2米的高度，并落到本方场地中”和“垫出的球要达到3米的高度，并落到本方场地的前半场”在难度上是不同的，而使难度不同的是垫球的标准。

第三，课题。在对目标的难度进行改变时，课题也是一个十分有效的因素。一般来说，课题是通过改变动作形式(运动课题)来使目标的难度发生改变。比如，体操中的平衡运动的课题。

课题1:手放在什么位置都可以，做10秒钟的单脚站立。

课题2:手在体前相握，抱膝盖，做10秒钟的单脚站立。

很明显，这两个课题下的目标在难度上是不同的。

### (二)高校体育教学目标的功能

对体育教学目标的功能进行分析，能够帮助人们更好地了解与掌握体育教学目标，并为体育教学目标的设计提供科学依据。具体而言，高校体育教学目标的功能主要如下：

(1)定向功能。体育教学目标是对体育教学目的的反映，而体育教学目的所要达到的效果和方向。因此，在体育教学的开展过程中，体育教学目标发挥着方向性的作用，即体育教学活动是在体育教学目标的指导下开展的。基于此，体育教师在开展体育教学活动时，必须要以体育教学目标为指导。

(2)激励功能。高校在开展体育教学活动时,必须以实现一定的体育教学目标为前提。当体育教学目标确定之后,对于体育教师和学生都能产生一定的激励作用。就体育教师来说,当体育教学的目标确定之后,会激励其为实现这一目标而全身心地投入体育教学工作,并在工作中始终保持较高的热情,确保体育教学目标能够实现。就学生来说,当体育教学的目标确定之后,会激发其参与体育教学活动的兴趣和积极性,这对于体育教学取得良好的效果具有积极的意义。

(3)规范功能。体育教学相比其他学科教学来说,要更为复杂。再加上新课程标准对体育教学提出的新要求,使得体育教学的难度进一步加大。在此影响下,一些体育教师在开展体育教学活动的过程中,很可能出现无法保证体育教学科学性的现象,继而导致体育教学无法取得理想的效果。要避免这种情况的发生,一个有效的举措便是让体育教师确实明确体育教学目标的规范作用,即要切实依据体育教学目标来选择教学内容、实施教学行为等,以确保体育教学的科学性和有效性。

(4)评价功能。在体育教学目标的功能构成中,评价功能也是一个十分重要的组成部分。所谓体育教学目标的评价功能,就是可以体育教学目标为标准来评价体育教学活动的效果。比如,足球课程教学的目标之一是让学生掌握足球运动的相关知识与技能,那么在评价足球教师是否完成了教学活动时,就需要考虑其所教授的学生是否掌握了相关的足球运动知识与技能。

### (三)高校体育教学目标的分类

体育教学目标具有多种功能,因而人们从各个角度对体育教学目标进行了研究,其中一个角度就是体育教学目标的分类。总的来说,体育教学目标的分类体系是多种多样的。

美国教育心理学家布卢姆根据教育目标的分类对象和应遵循的原则,将教学目标分成认知、情感和动作技能三大领域,每一个领域的目标又按由低级到高级分成若干层次。

布卢姆教学目标分类理论将认知教学目标从低到高依次分为知识、领会、应用、分析、综合、评价六个层次;将情感教学目标分为接受、反应、价值的评定、价值的组织、价值或价值系统的性格化五个层次;将动作技能教学目标分成知觉、准备状况、在引导下的反应、机械化动作、复杂的外显反应、适应、创作七个层次。这一体系以外显行为作为教学目标分类的统一基点。

对高校体育教学目标进行分类，必须在一个统一的基点上进行，如教学内容、教学对象都可以作为教学目标分类的统一基点。布卢姆以外显行为作为其分类的基点。从认知领域的教学结果来看，知识的获得可以通过再认、再现等行为表现出来，各种智慧能力与技能的获得都可以通过相应的行为表现出来。布卢姆的教学目标分类理论具体，可操作，改变了常模参照测验的一贯做法，促成了新教学模式——掌握学习的产生，使教学质量得到大幅度提高。

### （四）高校体育教学目标的设定

体育教学目标是体育教学活动的起点和依据，体育教学目标的设立是体育教学设立的关键。衡量体育教学目标合理与否，就应该看该目标能否发挥其应有的作用。体育教学目标不仅是体育教学活动的预期结果，还是体育教学活动的调节者。体育教学目标一经确立，就会给体育教学活动以积极的影响。当然，这只是对合理的体育教学目标而言。不合理的体育教学目标会使体育教学活动遭受挫折。高校体育教学目标设立的基本要求包括以下两点：

（1）系统化的要求。体育教学过程是一个复杂的渐进过程，在进行体育教学活动的设计时，必须完成四个方面的任务：充分分析教学对象；制定明确的教学目标；选用恰当的教学方法和手段；进行有效的教学评价。体育教学目标的设计在这个系统过程中是一个至关重要的要素，居于基础和中心的位置。

（2）具体化的要求。这里说的具体化，是指体育教学目标的表述应力求明确、具体，可以观察和测量，避免用含混不清的和不切实际的语言来表达。体育教学目标设计是为了解决教和学要“达成什么”的问题。如果教学目标的表达含混不清，不便于理解、把握，势必会影响“如何教”——教学策略的制定，以及“教得怎么样”——教学评价，也就不能较好地发挥教学目标的作用，教学效果也就会大打折扣。

## 二、高校体育教学的规律

（1）高校体育教学要遵循与学生身心发展水平相适应的规律。教育和教学必须与学生身心发展水平相适应，这是一条基本规律，体育课也必须遵循这条规律。体育课要促进学生的一般发展和特殊发展，这就要求体育课的目标要定得适当，教学方法、手段等也要适当。要达到这点，就必须了解学生的现有发展水平，针对学生的“最近发展区”，促进其不断发展。

(2)高校体育教学要遵循学生生理的心理指标起伏变化规律。在体育课的教学过程中，学生生理和心理方面都承受着不同强度和数量的负荷，引起一系列生理和心理指标的变化。由于在体育课的教学过程中，学生有各种不同的学习活动方式，如听讲、观察、进行身体练习、帮助同伴以及休息等。这些方式的改变，对学生身心有着不同程度的影响，于是学生生理指标和心理指标的变化便易呈现出波浪形，这种高低起伏的变化是体育课教学特有的，是客观存在的，体育课的进行要遵循这个规律，保持合理的生理、心理起伏变化的节奏。

(3)高校体育教学要遵循感知、思维和实践结合规律。体育课上学生大部分时间是在从事身体练习，耳、眼和机体等感官直接感知动作，大脑积极思考如何行动，机体去协调做动作。其中，直接感知是基础，思维是核心，实践是归宿。这三个环节是紧密结合的，缺少哪一个都会影响体育课教学的效果。因此，这也是体育课必须遵循的。

(4)高校体育教学要遵循掌握体育知识技能螺旋式上升的规律。体育课教学要向学生传授有关的知识、技术和技能等。一种知识、技术和技能掌握以后，如果不及时强化，就会遗忘或消退。在前面传授的知识、技术、技能衰退现象，后面的体育课不应改变这种现象，使前面学习的知识、技术、技能得到巩固、完善和提高。所以，学生掌握体育知识、技术、技能螺旋式上升，也是体育课教学应遵循的一条规律。

## 第二节　高校体育教学内容及发展

“体育教学内容是体育教学目标与体育教学实施的中介，是体育课程内容的一个有机组成部分。”[①]教学内容是将书面的知识转变为学生的知识储备和运动能力的一个中间媒介，它需要在一定的教学环境中，通过科学的教学方法和手段才得以实现。一般地，可以从以下四个角度来理解体育教学内容的含义：

(1)体育教学内容是组织教学的主要来源和主要依据，在体育教学实践中，一项优秀的出色的体育教学内容实际上是体育教师通过自身对体育文

① 刘佳，杨辉．体育课程教学论[M]．延吉：延边大学出版社，2017：27.

化的研究和对体育运动技能的研究基础之上精选出来的。它是以体育教学目标为指引，结合了教师自己的教学经验及其专业知识的储备，而最终确定下来的。

(2)体育教学内容是教师与学生之间进行沟通交流的基础和媒介。

(3)体育教学内容对体育教学方法的运用具有一定的制约作用，制约着体育教学方法和教学手段的选用。

(4)体育教学内容的选择对体育教学目标的实现也会有一定的影响。

## 一、高校体育教学内容的目标与要求

高校体育教学的内容处于不断的变化发展中，其取材于人类发展的不同时期，其共同的特点是对现代文明的发展具有积极的促进作用，适合于现代人才培养的需求。对于高校体育教学内容的选择，不同地域的群体之间存在较大的差异性，这主要是因为地理环境、气候条件、民众意识形态以及政治经济发展水平都有一定的差异性，此处主要是结合教学实践的经验对体育教学内容的目标和要求进行相关的探讨，以期为体育教学工作者对体育教学内容的目标有更清晰的认识。

### (一)传统性体育教学内容的目标和要求

传统性体育教学是指用传统的教育方法对学生展开体育运动技能的训练，现代体育教学内容虽然由于时代的发展在不断地更新迭代，但是传统的体育教学内容在整个体育教学体系中仍然占据着不可替代的重要地位。以下是对常见体育教学内容的教育目标和要求展开的简明论述：

1.体育保健教学的目标和要求

体育保健教学内容的目标：教授给学生卫生保健的知识和原理，让学生通过这些体育知识，对体育教学有一个初步的认识，如体育对人的成长的主要作用，体育学习对个人、社会和国家所具有的重要意义，从而促使学生自主自觉地加入到体育锻炼的队伍中来。

体育保健教学内容的设定要与社会发展状况和学生的实际需求为依据，并且要与后续的体育运动的教学实践相呼应。

2.田径运动教学的目标和要求

田径运动教学内容的目标：通过田径运动的教学，让学生了解田径运动的基础理论和一般规律，掌握各项运动的基本原理和方法，这对于田径运动技能的掌握，以及促使学生认识到田径运动对于他们身体素质的提升的积极作用都具有重要的意义。

在过去的体育教学中，常常从竞技类运动的角度来分析和理解田径教学内容的作用，在新时代背景下，要求田径教学的内容设计和组织都应当从运动项目的特点、学生的适应度、文化背景、技能的运用范围等角度来综合考虑，而不是一味只追求运动项目的竞技水平。同时田径运动的运动负荷一般都比较大，如果超出学生的负荷量则可能对其身体带来危害，因此为了保证教学和训练的效果应当依据学生的体质和年龄特征对教学内容进行灵活调整。

3. 体操运动教学的目标和要求

体操运动作为一种重要的体育项目，在青少年群体中具有极高的热度，其主要原因是操作简便，并且在维持人体各方面的平衡和健美的体型等方面具有非常好的效果。

体操运动教学内容的目标：①让学生充分了解体操运动文化，充分理解体操运动对健康的促进作用；②让学生掌握体操运动的基本原理和方法，帮助学生在日常生活的场景中通过体操运动来达到健身效果；③引导学生树立体操运动中的安全意识，尽量避免在锻炼过程中发生意外事故。

体操对于提高身体的灵活性和协调性有着显著的作用，而且还能给学生带来较为理想的情感体验。这对于体操运动教学提出了一定的要求，具体包括：①从身体体质健康、心理健康和竞技要求等方面来设定体操运动的教学内容；②注意教学内容的编制要具有一定的层次性，保障学生的运动能力和水平处于稳步上升的状态；③注意因材施教，根据学生不同的身体条件开展区别化的专项训练，保证从整体上提高体育教学的质量。

4. 球类运动教学的目标和要求

球类运动品种较多，主要包括篮球、足球、排球、乒乓球、网球等。球类运动的总体特点是充满了激情与动感活力，而且也具有较高的竞技性和趣味性，所以在青少年群体中很受欢迎。

球类运动教学内容的目标：①让学生了解球类运动的基础知识和比赛规则；②让学生掌握球类运动的一些基本比赛技能技巧。

球类运动一般都是群体性运动，因为参与人数较多，赛场上形势瞬息万变，应对的技巧也比较复杂，所以在安排球类教学的时候就不能总是只针对某一项技能进行教学而忽视了技能在具体竞赛情境中的应用，只有如此才能更好地掌握球类运动的基本特征和核心要点。此外，应注意教学内容的安排顺序要满足比赛实践的需求，在注重技能训练的同时要着重培养学生的团队协作精神。

5.韵律运动教学的目标和要求

韵律运动是现代女性特别喜爱的一种运动形式。它与其他形式的运动最大的差别就在于其将舞蹈、音乐和运动完美地结合在一起，同时也融合了舞蹈、健美操和健身体操的元素特征。

韵律运动教学内容的目标：使学生了解韵律运动的基本特征，培养学生的节奏感和审美情趣，了解韵律运动的基本原则并掌握相关的技巧和套路；通过韵律运动的学习，帮助学生形成健康的心理状态、塑造优美的身体姿态。

由于韵律运动是一项具有较强的表现性，同时还可以塑造形体，对于服装、音乐的选择都有较高的要求，所以韵律运动的教学也要着重培养学生的艺术素养和审美意识。此外，通过韵律运动的学习要学会试着自己创编新的运动内容，因此要求学生要善于观察勤于思考，注意自身创新能力的培养。

6.民族传统体育教学的目标和要求

民族传统体育是一个民族发展历程的写照，集中体现出一个民族的精神和民族文化。

民族传统体育教学内容的目标：①通过对学生讲解传统体育的历史渊源，使学生对我国传统体育有更为深刻的了解，激发学生的民族自信感；②向学生教授一些传统体育的技能和技巧，既可以强身健体，同时也是对中华民族传统体育文化的一种传承和发扬。

民族传统体育教学内容的要求：①在编排传统体育教学内容的过程中，要注意与现代性思维和生活方式相结合；②在传承体育文化精髓的基础上同时也要考虑传统体育在现代生活中的实际运用。

### （二）新兴体育教学内容的目标与要求

当今社会科技高速发展，人们生活水平大幅度提升，各国政治、经济、文化等方面也相应获得了许多新的发展，由此许多新型的体育运动项目逐渐兴起并迅速流行开来。

1.乡土体育教学的目标和要求

乡土体育是体育教育改革和创新的产物，是由体育教学研究者开发出来的、具有健身效能和浓厚的乡土特质的一种新兴的体育课程资源。

乡土体育运动的教学目标是：让学生对我国乃至全世界的一些民间体育和民俗风情产生一定的了解，并选择性地学习和掌握一些具有地方特色的乡土体育项目知识和技能，以让更多的人来了解和学习具有当地体育特色的体育运动项目和体育文化。

乡土体育教学内容的要求：注意乡土体育内容的文化传播的功能，要注意锻炼的安全性和规范性，吸取其中具有文化意义和健身价值的技击因素，摒弃其中具有负性的因素和不正确的练习方式。

2.体适能与身体锻炼教学的目标与要求

为了促进学生的身心健康协调发展，部分具有较强针对性的锻炼方式被引进到现代体育教学课堂。这些锻炼内容与运动项目的技能学习和训练完美结合，对于提升学生的身体素质和运动技能起到了更好的促进作用。

体适能与身体锻炼教学内容的目标：通过体适能教学让学生掌握运动和身体锻炼的基本原则和方法，以此来帮助他们更加有效地提升运动技能。

体适能与身体锻炼教学内容的要求：教学要依据学生的年龄特征和他们的体质情况，遵循青少年体育运动的基本规律。教学内容的选择要注意符合国家的相关规定，注意锻炼的科学性和时效性。

3.新兴体育运动教学的目标和要求

新兴体育教学内容的教育目标：通过新兴体育运动的教学，使学生理解流行体育的文化内核，激发学生对体育运动的兴趣，并引导学生理解体育运动对于健康生活的意义，从而提升体育教学的效果。

新兴体育运动教学内容的要求：①要考虑新兴体育运动是否符合体育教学的基本要求；②注意教学内容的安全性、文化性和实践性，避免出现任何不利于学生身心健康的内容。

4.巩固和应用类课程教学内容的目标和要求

巩固和应用类课程教学内容的目标：促使学生将体育运动的基础知识掌握得更牢固，并能够积极与体育运动实践相结合，使得学生在体育运动技能方面获得较大的提升。

巩固和应用类课程的基本教学内容的要求：①将巩固应用类课程与具体的体育教学内容相结合，并且要对课程内容进行一定广度和深度上的拓展，同时提示学生该类课程主要的应用范围有哪些；②鼓励学生在对已学习的知识进行应用的时候充分发挥自己的发散性思维，积极创新。

## 二、高校体育教学内容的编排

(1)高校体育教学内容的编排方式。高校体育教学内容的编排方式主要有以下两种:

第一,螺旋式编排方式。螺旋式是指当某项运动项目的教学在不同的年龄或学段重复出现、逐步提高的一种设置方法。

第二,直线式编排方式。直线式是指某一项体育运动项目的理论学习和身体练习是一过性的、不间断的,一旦学过之后就不会再重复。

(2)高校体育教学内容的编排要领。在编排体育教学内容的工作中,要注意以下问题:

第一,充分考虑学生的基础与实际需要。体育教学的对象是学生,因此必须要对学生的身体基础和理论基础有一个全面的了解,同时还要考虑到学生的实际需求,这样才有可能产生实际的教学效果。与此同时,体育教学难度上的安排也需要做缜密的规划,要保持一定的紧张度,又不能超出学生所能承受的负荷范围。

第二,高度重视不同的体育运动和身体练习的特征。在对体育教学的内容进行编排时,由于不同的运动项目的运动技能的具体要求各不一样,因此需要对其进行学习、巩固并做一定的改进,在领会其运动练习的核心特征的基础上能够灵活运用。

## 三、高校体育教学内容的选择

### (一)高校体育教学内容选择的依据

(1)体育课程目标。体育课程目标是体育教学活动的导向,体育教师可以根据体育课程目标去寻找或筛选合适的教学内容。体育课程目标为体育教学内容提供了先导和方向,所以体育课程目标的设立都必须要经过专家的多方考证,以确保其科学性和可行性。体育科学化目标具有多元化特征,体育教学内容丰富多样,许多运动项目从某种程度上来说具有一定的共性,因此要对体育教学内容的主要特征进行分析,从中选出最具有代表性和最能够体现体育教学目标的教学内容。

(2)客观教学规律。第一,选择体育教学内容要注意体育教学的一般规律。这也就是说在各个教学阶段都要选择与学生的年龄、身心发展规律、技能习得的规律及他们的认知发展规律相匹配的体育教学内容。第二,良好的体育教学效果离不开学生的主动参与和积极的配合。对于大学生而言，对于自己有趣味的、喜欢的内容，他们的学习热情就会大大增加，同时学习的效率也会倍增。因此体育教师要充分利用这一点，在体育教学中加强师生互动，添加一些趣味性的元素，同时还要注意采用多样化的方式进行教学。

(3)学生发展需要。体育教育教学的对象是学生，高校体育教育的意义在于学生的身体素质和认知能力都能够获得相应的发展。体育的教学内容要考虑学生的喜好和他们的适应性，将学生的切实需求与趣味性相结合，设置学生乐于接受的体育教学内容体系，促使学生获得全方位的提升。

(4)社会发展需要。学生的个体发展不可能脱离社会发展的实际状况而独立存在。因此，在选择体育教学内容时除了考虑学生在健康方面的需求，社会发展的客观需求也应当被纳入考虑的范围。社会是实现个人价值的归属地，体育教学内容必须要有鲜明的时代性，要能够清楚地洞悉社会对于人才有着什么样的变化和要求，并由此来设立与之相适应的体育教学内容，以此提高学生的社会适应性。

### (二)高校体育教学内容选择的原则

1.教育性原则

(1)从教育育人的基本观点出发，来对体育教学内容进行合理性选择。

(2)将“健康第一”的思想落实到体育课程目标的设定和体育教学内容的选择上。

(3)重视体育教学内容能否体现积极向上的、优秀的文化内涵，使学生在获得体育运动技能提升的同时也可以在文化修养方面有所提升。

(4)考虑体育教学内容产生的效益是否具有均衡性和全面性。这里主要是指体育教育要促进学生的智力水平、思想品德、身体素质等方面的全面发展；同时还要注意不同年龄和不同学段的学生的身心发展特征以及学生之间的差异性特征，这些因素都是在体育教学选择中需要关注的问题。

(5)体育教学内容选择还要与社会发展和普遍性的价值观相一致，这将有利于学生的社会性和时代性的发展。

2.科学性原则

科学性对体育教学内容的选择是举足轻重的，其能够对体育教学质量的好坏与学生发展的快慢产生不可估量的影响。

(1)体育教学内容必须是对学生的身心发展都有积极作用的。如果一项体育教学内容对于学生的思想有消极的影响，那么即使它具有再大的健身价值，也不能选入到体育教学内容中。

(2)促进学生提升科学锻炼的意识，并对于科学锻炼的原理和方法形成一定的认识，有了健身意识和科学锻炼的理论指导，学生就会自觉参与体育锻炼活动。

(3)注意选择设计科学的体育教学内容。

(4)体育教学内容应当与高校的师资和硬件设施等客观条件相结合。

3.趣味性原则

兴趣是提高学习效率最好的帮手，可以说兴趣是决定学生体育学习效果的一个主导性因素，因此体育教学应当突出其趣味性。

(1)有的体育教学内容过于强调竞技水平，应予以摒弃或对其进行改良。不可否认多数竞技项目具有较高的健身价值和教育价值，但是如果一味地用培养专业运动员的方法来进行日常的体育教学，会使学生对体育课产生抵触的情绪。

(2)引导学生在体育运动上的多样化、方向性的兴趣培养，为学生的多元化发展准备必要的条件。

(3)充分考虑到学生的喜好，尽量选择有一定趣味性的教学内容，同时还要积极选用游戏、竞赛、角色互换等多样化的课堂内容来进行教学。

4.实效性原则

实效性就是指教学内容的选择要具备简单易行、能够带来较大的实际教学效果，同时又能够促进学生的身心健康发展。符合这些条件和要求的体育教学内容都是比较好的选择范围。

(1)实效性就是要讲究实际的教学效果，杜绝照本宣科的本本主义。过去有的教学内容存在偏、难、旧的问题，在体育教学改革的进程中，这些问题被提出，国家相关文件要求一改过去教学过于依赖教材的现象，而重视体育教学的实践，着重要提升体育教学的实际效果。

(2)体育教学的娱乐性与实效性。体育运动项目种类繁多，五花八门。体育教师在进行甄选时要注意时下流行什么、哪些项目是受青年学生喜爱的、是否具有较高的健身价值和教育意义，只有注意这些问题才能够将体育教学与学生的生活联系起来，有效促使学生形成正确的、积极健康的体育观。

5. 适应性原则

适应性原则的根本要点是体育教学内容的选择要因地制宜。这主要是由于不同地区的地理环境、气候条件、文化习俗、经济发展水平存在一定差异性，他们对体育教学的目标内容的诉求也就不一样，因此需要区别对待，以实现体育教学效果的最优化。

6. 民族性与世界性相结合原则

体育教学内容要体现出民族性特征，也要与世界体育发展理念和发展趋势完美对接，这样才能把我国建设成为名副其实的体育强国。

我们要以客观的眼光看待任何事物，既不能对自己民族性的东西盲目自信，对于舶来品也不能盲目崇拜，当今体育教学的宗旨是既要跟上世界发展的潮流又要体现民族的特色。这就需要我国在保持中华传统体育优秀部分的同时要选择性地吸收和借鉴国外体育教育课程中的精华部分，从而形成具有时代性、先进性和中华民族特色的体育教学内容。

### （三）高校体育教学内容选择的过程

(1)评估体育素材的价值。体育教师平常要多关注社会生活和社会的发展和变化，以便于在选择体育教学内容的时候可以根据社会的生产和科技、教育等方面的发展对人产生的影响以及人们在体育健身方面的需求较之过去发生哪些变化。然后以此为基础对已有的体育素材进行具体的分析。需要注意的是，选择合适的体育教学内容需要进行科学的论证，要看其是否能够促进学生的身心健康发展、是否能激励学生自主进行体育锻炼、是否能够提升学生的思想意识水平，然后依据所选的内容展开体育教学活动。

(2)整合运动项目与练习。体育运动项目种类繁多，运动的形式也各式各样，因此他们对于人体产生的作用也是有所差异的。基于以上事实，在实际的体育教学中，在选择体育教学内容时，就必须在高校体育教学目标的基础上，分析出各个体育运动项目对学生身体机能和体能素质具有哪些方面的促进作用，以及其中的原理是什么，然后将不同侧重点和功能的体育运动项目进行整合、筛选、加工，最后形成具有全面促进学生身体素质增强的体育教学内容。

(3)选择体育运动项目。事实上大部分的体育运动项目都适合作为高校体育教学的素材。关键问题就在于对这些体育内容素材怎么进行选择和组合，以在有限的时间和空间内发挥出体育教学最大的效能。高校体育教学内容可选择的范围巨大，要在教学的时间段完成全部项目的学习是不现实的，就需要在高校客观条件和学生全面发展的需求的基础上选择那些具有代表性的体育健身项目来作为教学的重点内容。

(4)分析所选内容的可行性。选好体育教学内容，就需要对地理环境、气候特征、体育场馆、器材设施等做一个全面的考察，并分析体育教学内容的可行性特征，从而制定出与之对应的弹性实施政策，以便在可控的范围内完成体育教学内容，保证教学的质量。

## 四、高校体育教学内容体系的构建

### (一)高校体育教学内容体系的构建设想

相比以往的体育教育，新的体育教育在课程目标的设置上做了一些创新，更加重视各阶段教学内容的连贯性、知识难度的循序渐进和体育知识的系统化。例如，在球类与体操学习目标的表述中，水平四到水平五学习目标的主要变化为从“基本掌握”和“基本完成”到“较为熟练地掌握”和“较为熟练地完成”。但是，如果是不同类的球类项目或者是不同类的器械体操，要想通过采用“大循环”排列方式实施体育教学内容来实现水平四到水平五的进阶发展，就会显得十分困难，这是因为“大循环”的方式难以保证各阶段教学水平和学习效果的一致性，所以也就无法保证不同项目的学习都能获得比较理想的效果。

高校要想使每一位学生通过高校体育课程的学习掌握一到两门体育运动技能，就必须要科学选择教学内容，还要注意教学内容安排的全面性、专业性和系统性。具体而言，就是要按照国家的要求，根据本地区的实际情况和学生的实际需求与爱好，分年级、分层次地实施体育课程教学，在教学方法的选择上要注意灵活性与严谨性相结合，既要充分调动学生的学习的积极性又要能够井然有序地开展，以实现既定的教学目标。最终使学生能够逐步地掌握整个运动项目的理论与实践方面的学习内容。

### (二)高校体育教学内容体系的构建框架

(1)高校体育教学内容体系构建的逻辑性。体育教学内容与教学目标是一脉相承的，也就是说，体育教学内容的设计要遵循以教学目标为导向的思想，依据相应的体育课程教学目标的阶段性要求，这是因为课程目标的阶段性特征和其内在的逻辑性对于不同阶段的体育教学内容会产生重大的影响作用。根据学生的认知水平及其发展规律，学生由低年级到高年级的体育课程学习目标也是成循序渐进的关系，所以其教学内容的设置也应当是由少到多、由易至难、由表层至内在的过程。

高校体育教学内容体系构建的逻辑性就是要以科学化的体育课程目标为指导，充分遵循学生的学习认知规律、机体适应规律、动作技能发展规律等客观规律，尤其要注意的是，体育课程内容要与学生在身体发育过程中不同的体能素质发展的敏感期特征相适应，抓住发展体能素质的最佳时期，以提高学生的身体素质和运动技能水平。

(2)高校体育教学内容体系构建的基本框架。体育教学内容多种多样，从表面来看似乎是杂乱无章的，但是如果对其深入观察和研究可以发现，所有的优质的、合理的体育教学内容，其内部是有逻辑线的，实质就是通过对体育教学内容各要素，如学生对学习的兴趣、运动技能所需的基本动作的储备、学生自身的学习和思考能力、训练强度和训练时间等方面的控制，来提升各阶段学生对学习内容难度的适应性，进而在学生的整个体育学习的进程中，使学生的体育知识和技能以及他们的学习能力都不断地发展，同时通过这样的对教学内容各要素的控制最终达到提升学生综合能力的效果。

### (三)高校体育教学内容体系的构建说明

(1)三类体育教学内容的相互关系。体育教学的三大内容是指基础类技术体育教学内容、提高和拓展类体育教学内容、终身体育教学内容，三者是基础与提高的递进式关系。通过对三类体育教学内容的逻辑性分析，邻近的两个内容之间既有基础性提高又有技术性提高的关系，所以在不同的年龄段选择排列体育教学内容时应充分考虑这一因素。

(2)体育教学内容体系构建的基本要求。要提高学生对体育运动技术的掌握程度，为践行终身体育的理念准备必要的技能基础，有效提升参与体育运动的实际效果，就要注意体育教学内容的完整性和系统性，具体应当做到以下三个方面：

第一，有明确的目标。根据国家对体育教学课程管理的要求来制定切实可行的课程目标，使课程目标的确立与更好地开展高校体育课程的思想相契合。

第二，有科学的规定。在选择和规定体育教学内容和运动项目时，应当充分考虑地域性因素，比如，当地流行和擅长的体育项目、当地传统体育的特征和优势，同时还要结合国家体育倡导的发展方向和发展理念。

第三，有一定的灵活性。从学校的层面来讲，应根据学生的学段和体育运动学习的规律性特征进行选择，同时要尊重运动项目的技术逻辑性和教学的规律性特征，灵活选择体育教学内容，安排丰富多样的学习内容，既能保证学生学习的积极性，又能达到预期的教学效果。

### （四）高校体育教学内容的创新化体系

社会发展日新月异，高校体育教育也要与时俱进，在社会发展的新条件下，高校体育教学内容越来越重视与学生日常生活之间的联系，与社会发展需求相一致，这同时也对体育教学内容的丰富性与实效性提出了越来越高的要求，一般来说，创新化的体育教学内容体系应当包括身体教育、保健教育、娱乐教育、竞技教育和生活教育五个方面。

第一，身体教育。身体教育是体育教育的重要方面，其主要目的是提高机体的各项基本活动能力和人体的身心健康水平。身体教育体现了高校体育是为学生的体质健康服务的本质特征。基于“健康第一”的体育教学指导思想和理念，高校体育教学越来越重视学生的健康水平，尤其注重身体的发育和发展以及力量素质、耐力素质及柔韧性等与体质健康密切相关的运动素质的发展。

第二，保健教育。保健教育是与学生的健康密切相关的另一方面的教育，具体是指教育学生学会在学习体育知识和生活的实践中保护自己的安全和健康状况，其中包括一些生理、保健、运动处方等方面的知识。将保健知识融入体育教学中，能为学生的健康成长增加一道坚实的屏障。

第三，娱乐教育。娱乐教育是体育教学内容体系发展与完善的又一重要内容，娱乐教育的提出旨在提高学生参与体育学习的兴趣和热情，调节学生的情绪，从而提高学生的学习效率和学习能力，同时它也是“以人为本”核心教育思想的重要体现，值得广大体育教育工作者的关注。娱乐化的体育活动为社会生活增光添彩，与人们的生活紧密相连，受到人们的普遍性欢迎。每个民族、每个地区都有着独特的、丰富的娱乐体育活动，因此也为娱乐教育提供了丰富的资源。常见的民族和民间娱乐体育项目有许多，如武术、太极拳、踢毽子、抖空竹、荡秋千等，这些项目不仅丰富了高校体育活动内容和体育课程资源，将其发展为学校娱乐教育项目还可以促进我国传统体育文化的传承与发展。

第四，竞技教育。竞技教育主要是指为了专项运动的比赛成绩，以专项运动项目为主要内容的体育教学，在过去很长一段时期内，由于提升国际影响力的需要，我国高校体育发展的重点是放在竞技体育的项目上面，之后随着我国经济与社会的全面发展，国家新课改对体育教学提出了“健康第一”“以人为本”“终身体育”的思想和理念，竞技体育不再占高校体育教育的绝对主导地位，而是与以上的体育教育新理念并重发展。作为体育文化的重要组成部分，竞技体育有着不可替代的积极作用。主要体现为：培养学生对体育运动的兴趣、增进学生的体质健康、培养学生坚强的意志品质、增进学生竞争、合作的意识与社会责任感等方面。但是在一般性的体育教学中，不能不加思索和变通，而对运动员的要求直接生搬硬套，否则会适得其反。对于非体育专业、非运动员的学生要区别对待，根据学生的实际情况，对体育教学内容进行改造和优化，促进学生运动技能的提升和全面发展。

第五，生活教育。生活教育主要指野外防卫训练、户外拓展练习、冒险教育及健康生活的相关教育。人们的生活深受社会发展的影响，城市化发展带来了越来越高的物质生活条件，但同时也给人们带来了巨大的精神压力和环境压力，人们都渴望通过回归自然、亲近自然获得身心的放松和愉悦。而随着这种追求的不断提升，对人的综合知识又有了更大的要求，于是许多与生活教育相关的新型的体育教学内容应运而生。当前我国高校体育教学中的生活教育还没有大范围的普及，但是随着社会的进一步发展，以及体育教育改革的持续深化，生活教育在未来的高校体育教学中的比例逐渐增加是必然的趋势。尤其是具有冒险性、趣味性和实用功能的野外生存和拓展训练将作为生活教育的重要内容在未来的高校体育教育中得到推广。

## 五、高校体育教学内容的开发与发展

### （一）高校体育教学内容的开发

#### 1. 高校体育教学内容开发的意义

体育教学的教学内容是否科学，即教学内容的开发将会对整个教学过程产生十分重要的作用，具体表现如下：

（1）使体育教学内容体系更丰富。开放体育教学内容，不仅可极大程度地保障体育教学目标得以有效实现，还能确保学生在未来可实现全面发展，成为对家庭、对社会、对国家有用的人。针对高校体育课程内容进行开发，可进一步丰富、拓展和充实体育教学内容体系，促进体育文化的传递、创新和发展。

（2）对体育教师的专业发展起到促进作用。事实上，开发高校体育教学内容的实际过程，也是体育教师不断提高专业素质、积攒教学经验的过程。

因此，开发程度和范围势必会对体育教师的专业化程度以及水平产生重要甚至是决定性影响。在教育改革持续深化的今天，素质教育倡导要注意学生的全面成长，体育教学深受其影响，在内容的安排上更丰富全面。因此，当下对于高校体育教学内容的开发，应大胆突破传统体育教学的思维定势，以期可以将体育教师的能量更充分地释放出来，使其得以真正成为体育教学的主导者。

(3)培养学生的创新能力。对于现有的体育教学内容大胆进行开发、开拓和延伸是一件极其有益的事情，除了可以极大程度地培养学生参与体育运动以及学习的兴趣之外，还可以使学生能够以极强的热情投身到这一过程中。丰富并开放的体育教学内容还可以以极其丰富的形式和手段为学生打造一个良好的学习环境以及氛围，使学生们在感官、信息以及思维上获得刺激，可在自身主观意愿的驱动下积极主动地投身到体育学习中，逐步理解以及掌握体育知识、技能的同时，培养其吃苦耐劳、不畏艰辛的高尚情操。高校体育教学内容的开发，还可以改变学生的学习方式，引导学生主动探索体育理论以及技能中蕴含的奥秘。高校学生作为教学主体，其对于体育的兴趣、知识、技能等均是构成体育教学内容资源开发的有机部分。倘若学生能够以主动、合作、探究的方式走进体育课堂，这将学生的实践以及创新能力的培养十分有益。

2.高校体育教学内容开发的目标

高校体育教师在开展高校体育教学这一过程中，一定要注意充分考虑周围的影响因素，将其充分利用起来，引导学生在参与以及学习的过程中逐渐提高探索、发现、分析、解决问题等方面的能力。体育教师一定要注意分清主次，在仅有成本的基础下将那些利于学生实现终身发展的体育教学内容放在首要地位。体育教师要以一种开放的态度不断学习新知，以此来不断充实自己，提高对信息的吸收、加工、存储、应用能力，进而敢于对体育教学的弊端进行创新。通过对高校体育教学内容进行开发，不仅可以培养学生运动兴趣和提升学生的运动能力，还能使学生实现身心健康发展，增强其社会适应能力，进而为我国社会培养出高素质人才。

3.高校体育教学内容开发的主体

第一，体育专家与学者。目前，支持体育教学内容进行开发的主要人员是我国体育教学领域内的专家和学者。他们凭借较高的专业水准以及丰富的经验，对于我国体育教学领域现存的问题有相对较为深刻的理解以及认识，这些问题的解决也同样有赖于经验以及专业素养。

第二，体育教师。在教学过程中，体育教师既是教学内容的具体实施者和操作者，也是体育教学内容开发的主导者。在开发教学内容时，体育教师除了需要充分利用体育教材、高校体育设施条件和课外体育活动的资源之外，还需要实地调查学生的需求，并以此作为依据，指导其开展后续的工作。

第三，学生。学生这一群体作为体育教学中的参与主体，对于体育教学目标能否实现具有决定性意义。在开发体育教学内容的过程中，不管是学生的身体素质还是学生的运动技能水平，以及体育兴趣等都具有极其重要的影响。此外，学生所采用的学习方式也会在相当大的程度上对体育教师选择以及开发体育教学内容起决定作用。

4.高校体育教学内容开发的途径

(1)改造竞技体育项目。目前，竞技体育项目已经成为组成高校体育教学内容的主要部分之一。因此，开发或者革新高校体育教学内容，势必要对竞技体育项目加以改造。值得注意的是，以体育教师为代表的相关人员在改造项目时，一定要基于体育教学所具有的独特特点、规律、目标与要求来进行，使其可以和体育教学内容的特点以及条件具有一致性，成为被学生喜欢的体育项目。

(2)改造新兴运动项目。在国际大众体育持续发展的今天，更多国际流行的新兴体育项目涌入我国，这些项目不仅新颖，而且趣味十足，可以很好地满足高校学生的实际需求。由此可见，高校引进这些新型运动项目，势必会给高校体育教学注入新的活力，使体育教学在内容上花样更多，更加能够满足学生的实际需求。但是要特别注意的是，因为上述所说的新兴运动项目通常都源于西方发达国家，因此对于运动设施或场地条件具有特别的要求，甚至还有一些项目在安全方面存在一定隐患。针对这类新兴项目，体育教师在改造时一定要基于高校自身的场地、器材，以及现代新兴运动项目设定的运动规则、原理及方法，来对教学内容进行设计，使其可以和高校体育教学进行融合，从而更具有适用性以及实效性。

(3)改造民族传统体育项目。不管是蒙古族的摔跤、藏族的歌舞还是维吾尔族的舞蹈等，均是我国历史积累下来的宝贵财富，深受广大人民群众的欢迎。在开发高校体育教学内容时，体育教师应该积极主动地对于上述这些民族传统项目进行改良。

### （二）高校体育教学内容的发展要点

现如今，我国越来越重视对高校体育教学内容的挖掘、革新以及应用。具体来说，各个高校可从以下方面入手展开：

(1)注入终身体育的理念。随着生活水平的提高，人们愈发重视健康，体育运动在此理念的作用下越来越受人们的欢迎，甚至可以说已经成为人们生活的重要组成部分。终身体育这一理念已经深深地扎根在人们生活中，成为人们的重要认知。高校体育教学也同样应该坚持终身体育这一理念，以此来引导学生在体育技能的学习过程中建立起终身体育的意识。终身体育这一目标能否实现主要取决于学生在参与体育活动这一过程中所需具备的技能、知识以及态度。在挑选高校体育教学内容时，体育教师一定要重视选择那些带有终身参与性质的运动项目，重点教授其运动方法和文化，引导学生对于体育参与形成强烈的兴趣，进而得以养成终身体育的习惯。

(2)重视学生的主体性。传统体育在选择教学内容时受各种各样因素的制约及影响，这是一个多方考虑的结果。在过去，体育教学大纲在挑选以及设计体育教学内容时，通常情况下都以教育工作者的价值取向作为侧重点。现在越来越多的学者和教育工作者已经开始转变观念，根据学生的实际需求来安排教学内容，高校体育教学内容也因此越发科学合理。

(3)重视学生发展的全面性。在教育改革逐渐深化的背景下，素质教育已经成为一个不可逆转的发展方向，现代高校承担着促使学生实现全面发展的重任，因此，要求体育教师一定要基于素质教育来对高校体育教学内容加以选择与确定，保证学生可以更好地实现全面发展，使素质教育的目标真正得到践行。

### （三）高校体育教学内容的发展趋势

(1)教学内容的学段分化和教学需求化发展。在过去，体育教师通常情况下在选择教学内容时主要的依据是体育教学目标，或体育项目所具有的技术，因此在教学内容的选择上并不太严谨。新时期，高校体育教学内容有所不同，更加偏重对教学的科学性研究。体育教师在选择之初便会对教学内容多方考虑，除了关注教学客观条件之外，还关注处于不同年龄阶段以及不同性别下学生的体育学习需求。

(2)教学内容更加关注学生的教学主体性。不管是选择体育教学内容还是确定体育教学内容，都需要综合进行考虑。在以前，高校体育教师在教学大纲的指引下通常都将教育工作者自身的价值取向作为选择以及确定体育教学内容的指导思想。在体育教学改革进程逐渐深化的今天，体育教学将以教为重的思想逐渐转为以学生为重，根据学生的实际情况，以学生的价值取向作为指导，来为学生设计以及确定教学内容。

(3)教学内容更强调学生综合素质的提升。传统体育教学主要为竞技体育人才的发现以及培养服务，因此，其在设计体育教学内容时，重视学生体能、技能训练和达标，多选择那些具有专业化的体育运动训练技能。新时期，体育教育则有所不同，在“以人为本”“健康第一”“终身体育”等教育理念的影响下，侧重于关注那些利于学生实现身心健康、全面发展的内容，其在设定根本目的时也围绕这些内容进行设置。具体来说，现代体育教学除了关注学生身体能力的提升之外，还关注其心理、智能以及社会适应能力等方面的提高。

(4)教学内容更注重学生的终身体育培养。在传统体育教学中，教师重视提升学生的竞技能力，体育教学中安排的内容多是带有竞技性质的内容。而在现代体育教学中，教师更加重视培育以及提升学生终身体育的知识、技能，以期学生能够实现长远发展。现代背景下，不管是教授体育教学内容还是传播体育教学内容，其最终目标都并非保证学生的竞技水平得到提升，而是服务于学生的终身体育。依照终身体育教育教学总目标，在选择体育教学内容时应将健身性、运动文化传递性和娱乐性三者之间的关系协调好，使其更加贴近于学生的生活，从而为学生的体育参与提供指导。

## 第三节 高校体育教学的基本原则

“原则”一词在汉语中通常指观察问题、处理问题的准绳，因而在教学论中，通常把教学原则定义为对教学的基本要求和指导原理。教学原则对整个教学过程都起着指导作用：第一，教学原则是指导教学活动的出发点，教师要根据教学原则来设计整个教学过程；第二，教学原则是实施教学的总调节器，在整个教学进程中，教师要以教学原则来调节、控制教学活动；第三，教学原则是判断教学质量的基本标准，教学质量的高低，从根本上来说，就看教学原则贯彻得如何。因此，每个教师和教学管理者都必须掌握教学论所确定的一系列教学原则。

体育教学原则是实施体育教学最基本的要求，是保持体育教学性质的最基本因素，是判断体育教学质量的基本标准，是体育教学过程中必须遵守的准则或标准。作为体育教学工作的指导原理和基本要求，体育教学原则对体育教学工作具有指导作用。在体育教学过程中，体育教学原则既是出发点，又是调节中枢。它在一定程度上具体决定着教学内容的安排、教学方法的选择和教学组织形式的运用。学习和掌握体育教学原则，能使教师按照体育教学的客观规律组织教学活动，正确解决教学内容、教学方法和教学组织形式等一系列理论与实践问题；遵循体育教学原则进行体育教学，就能提高体育教学质量，反之，违背了教学原则，就会降低教学效果，甚至劳而无功。

体育教学原则作用的发挥，不是某个原则所能单独完成的，而是需要一个完整的体育教学原则体系以发挥整体功能。只有建立一个科学完整的体育教学原则体系，才能发挥体育教学原则对整个体育教学过程的指导作用。

## 一、自觉积极性原则

自觉积极性原则是指在教师的引导下，充分调动学生学习的自觉积极性，使其发挥学生的主体作用，培养学生学习的主动性和创造性，把认真完成学习任务，变成自觉的行动。它是由教师的教与学生的学的双边活动过程的教学规律决定的。师生关系是体育教学过程中的一对基本矛盾，矛盾的主导方面是教师。因为教师是教育者，他们有着比较丰富的体育知识、技术和经验，能满足教好学生的需要。在实施教学计划的过程中，教师的教起着主导作用，它不仅表现在对计划的制定和执行上，还表现在对教学过程的调节和控制上。

学生是教学的对象，是知识、技术的接受者，是学习的主体。但是，学生学习的自觉积极性不完全是自发的，还取决于教师的指导、传授、调节和控制。反过来，学生有了学习和练习的自觉积极性，又能主动地自我调节和控制，并与教师的调节和控制协调一致，这样才能保证预定教学目标的实现。所以，在体育教学过程中要把教师的主导作用与调动学生学习的自觉积极性很好地结合起来，这是提高教学质量的根本条件。贯彻和运用自觉积极原则的要求如下：

(1)了解和熟悉学生。教师必须了解和熟悉所教学生的特点和概况。要了解他们爱好什么、需要什么、擅长什么、有什么困难和不足等。这是教师做好体育教学工作的前提。但是，真正做到了解学生是很不容易的。教师对学生要做到全方位的了解，做到这一点的关键在于教师，因为教师是师生关系中的主导者，教师不主动去了解和熟悉学生、关心学生，学生就不可能产生对教师的信赖。只有做到“知人”“知面”“知心”，才会有调动学生自觉积极性的基础。

(2)发挥教师的主导作用。学生的自觉积极性不完全是自发的，还必须通过一系列的细致工作充分调动起来。所以，要调动学生的积极性，必须发挥教师的主导作用。教师的主导作用不仅表现在教学中，如教师通过讲解、示范、组织教学等手段，把学生引导到所教的内容上来，更重要的是给学生提供和创造一种良好的条件，使外因能顺利而迅速地转化为内因，从而调动学生的自觉积极性。

(3)建立民主平等、情感融洽的师生关系。体育教学过程中，教师要为人师表，教书育人，既要严格要求学生，又要满腔热情地关心与信任学生，使师生关系融洽和谐。这种良好的人际关系，有利于学生能动地参与体育教学。

(4)注意培养学生学习的内在动力。学生学习的内在动力，是鼓舞和推动学生的内驱力。教师应不断提高教学的艺术性和启发性，培养学生正确的学习动机和兴趣。动机是一切行为的前提，是推动学生学习、锻炼的心理依据。只有使学生形成了正确的学习动机，才能发挥学生的主体作用。

(5)培养学生自学、自练和自评的能力。自学、自练和自评的能力是使学生养成经常参加体育锻炼习惯、培养终身体育锻炼意识的重要基础。在教师主导作用的前提下，要为学生自学、自练和自评能力的培养与发展，创设一个良好的外部环境，放手让学生独立自主、生动活泼、主动地学习与锻炼。

## 二、直观性原则

直观性原则是指在体育教学中，要充分利用各种直观方式和学生已有的经验，通过学生的各种感觉器官去感知事物，培养学生的观察能力和积极思维的能力，使学生获得直接经验和感性认识，为掌握体育知识、技术和技能奠定基础。

确定直观性原则的依据是辩证唯物主义的认识规律。从生动的直观到抽象的思维，并从抽象的思维到实践，这就是认识规律、认识客观实际的辩证途径。任何知识的来源，都在于人的感官对客观外界的感觉。在体育教学中，学生掌握体育的知识、技术和技能，也是从建立感性认识开始的。必须使学生感知所学的动作(包括触觉和本体感觉的感知)，在感知的基础上建立起完整的、正确的动作形象和概念，从而为学生掌握体育知识技术奠定基础。贯彻和运用直观性原则的基本要求如下：

(1)综合运用身体的各种感觉器官，感知体育教材，扩大直观效果。在体育教学中除了通过视觉、听觉来感知动作的形象、结构和要领外，还要通过触觉和肌肉的本体感觉来感知完成动作时肌肉用力的程度、方法，以及空间与时间的关系等，以扩大直观教学的效果。

(2)充分发挥教师对学生的直观作用。教师自身的一切活动，都是学生观察的目标，特别是教师的动作示范、语言表达等都是学生获得生动直观的主要来源。学生的模仿能力很强，所以，要求教师必须加强自身修养，提高体育理论和运动技术水平，重视动作技术示范的准确性和规范性。

(3)充分运用多种直观教具和手段。借助于多种教学媒介和各种现代化教学手段，如模型、图片、幻灯、录像、录音、电影等，以发挥直观教学的作用。

(4)善于引导学生观察和激发学生积极思维的能力。直观性是通过学生直接观察运动动作的形象来实现的。学生在教师的指导下，通过分析、比较、弄清正在学习的与已学过的身体练习有何联系。辨别运动动作的技术结构，找出动作技术的关键，明确正确动作与错误动作的界线，从而形成运动动作的正确表象。同时还要防止一般化的观察和单纯形式的模仿。

此外，选择运用好各种直观位置和把握使用时机，也将会取得良好的直观效果。

## 三、因材施教原则

因材施教原则是指体育教师在教学中，既要面向全体学生，提出统一要求；又要根据不同班级和学生的个体差异区别对待，把集体教学和个别指导结合起来，使每个学生的才能和特长都能得到充分发展。

确定因材施教原则的依据是学生身心发展的客观规律及个体发展的不平衡性。同一年级和年龄组的学生的身心发展规律具有共同点，因而体育教学可以对他们提出统一的要求。同时，同一年级和年龄组的学生的身心发展又存在着个体差异的发展不平衡性，如他们在身体形态、身体素质、运动能力、兴趣爱好、运动项目专长等方面都存有差异。这些不同点又要求在统一的基础上区别对待，因材施教。贯彻和运用因材施教原则的基本要求主要包括以下三点：

(1)深入了解学生的一般情况和个体特点。这是进行因材施教的基础。教师要通过调查研究，全面了解班上学生的体育认识、兴趣爱好、思想品德、健康状况、体育基础、身体发展等多方面的情况。只有找出他们的共同点和差异，才能采取不同的方法，因材施教。

(2)面向全体，兼顾两头。教师要把主要精力放在全体学生的普遍提高上。在制定教学计划、确定教学的目标和要求时，应该是大多数学生经过努力可达到的。同时，还要兼顾两头，对个别身体素质好，有体育才能的学生，要为他们创造条件，让他们参加课余体育训练，为提高专项成绩打基础。对体弱和身体素质差的学生，要热情关心、耐心帮助，使他们在原有的基础上逐步提高水平，完成教学要求。

(3)从客观条件的实际出发。在教学中贯彻因材施教原则，还必须考虑学校的客观条件。不同地区、季节、场地器材设备条件，都会对体育教学起制约作用。教师在制定教学目标时，除了考虑教材、学生的特点、组织教法外，还必须考虑上述各方面的客观条件，这样才能更好地因材施教。

## 四、身体全面发展原则

身体全面发展原则是指在体育教学过程中，教材内容的选择和安排要全面多样，使学生身体的各个系统机能、各种身体素质和基本活动能力都得到全面发展。

确定身体全面发展原则的依据是青少年的年龄特征和人体是在大脑皮层统一调节下的完整统一的有机体。青少年的身体正处在生长发育时期，可塑性很大。在体育教学中选择多种不同性质的教材，采用多种有效的教学手段，有利于学生身体的全面锻炼和身体各个器官系统的机能得到协调的发展，从而养成正确的身体姿势。而长时间进行单一的、局部的锻炼，就得不到理想的锻炼效果，甚至造成某种畸形的发展，有碍学生健康。人体是一个完整统一的有机体，人体各器官系统的机能、各种身体素质和基本活动能力之间，都是相互联系、相互制约和相互促进的，某一方面的发展，会影响其他方面的发展与提高。因此，只有以身体全面锻炼为基础，才能促进学生的全面协调发展。贯彻和运用身体全面发展的基本要求如下：

(1)全面贯彻教学大纲(或课程标准)提出的目标和要求。认真学习和领会中国教育委员会颁布的体育教学大纲(或课程标准)的精神，全面贯彻教学大纲所提出的目标和要求。制定全年教学工作计划和教学进度时，应注意各类教材和考核项目的合理搭配，保证学生身体的全面锻炼。

(2)身体全面发展的原则要落实到课堂教学的全过程。课的准备部分要全面多样；基本部分教材要进行科学、合理搭配，较理想的方案是，准备部分要以活动全身各部位的肌肉、关节和韧带为主，使全身各部位充分伸展，为完成课的目标做准备；基本部分的教材，既有上肢为主的练习，又有下肢为主的练习，使学生身体得到全面、协调的锻炼和发展；课的结束部分，要做好放松活动，并布置课外体育作业，有组织地结束一节课。

（3）不断克服单纯从兴趣出发的倾向。体育教学中应激发学生的学习兴趣，使他们乐于上好体育课。采用一系列手段和措施激发、调动学生的学习兴趣是必要的。但是，要把激发学生的兴趣与单纯从兴趣出发区别开来。所谓单纯从兴趣出发，就是以学生的兴趣为中心，甚至背离体育教学的大纲和全面锻炼的原则，学生喜欢什么，教师就教什么，这种片面迁就学生兴趣的做法，长此以往，会带来不良的后果。教师要善于引导，使学生对如何上好体育课和教师教学内容选择，有一个科学、正确的认识。

## 五、合理安排生理负荷和心理负荷原则

负荷包括生理负荷和心理负荷两个方面。合理安排生理负荷和心理负荷就是在体育教学中要使学生承受适当的生理负荷和心理负荷，并使练习与休息合理交替，以促进学生身心全面协调发展。

确定合理安排负荷的依据是学生在体育教学中生理负荷和心理负荷变化的规律。从生理负荷变化的规律来看，人体功能的改善和提高，必须在适宜的生理负荷的刺激下才能实现。因此，在一定的限度内，生理负荷大，超量恢复的效果也就好，适应变化也加大；但如果生理刺激的强度过大，超过了一定限度，生理机能就会受到损害；而生理负荷刺激强度过小，对生理机能的发展也不会产生好的影响。

如果在学生注意与情绪心理最佳时区内安排学习和掌握各种知识和动作技术；在学生意志品质处于高峰期内进行锻炼，必然能获得较理想的效果。贯彻和运用合理安排负荷原则的基本要求如下：

（1）根据教学目标、学生特点、教材性质等合理安排课的生理新授课和复习课在安排生理负荷时应有不同的要求。学生的性别、年龄和健康状况不同，安排生理负荷时，要注意区别对待。不同性质的教材，应考虑它们对身体机能的不同作用和影响，做出科学安排。此外，学生的生活制度，营养条件和其他体力活动的负担，所在地区的气候因素及作业场所的环境条件等，在安排生理负荷时也应给予全面考虑。

（2）正确处理生理负荷的量和强度的关系。正确处理生理负荷的量和强度的关系，负荷量和负荷强度应互相配合，逐步增加。在体育教学中通常

是先增加负荷量，待适应以后，再增加强度。在增加量时，强度宜适当下降。在强度再增加时，量则应适当减少，这样量和强度交替地增加和下降，密切配合，才能使学生的负荷能力逐步得到提高。

(3)正确处理生理负荷的表面数据和内部数据的关系。表面数据是指运动动作练习的量和强度。内部数据是指负荷量和强度所引起的一系列的生理、生化变化。生理负荷的表面数据与内部数据在通常的情况下是一致的。但因学生的体质强弱和身体训练水平不同，一定负荷的表面数据作用于不同的学生，可以产生不同的内部数据。因此，在分析生理负荷时，应把表面数据和内部数据结合起来，加以判断和评价。

(4)安排好心理负荷。安排心理负荷时(主要是注意、情绪和意志三个方面)，既要与教学进程相联系，又要与生理负荷相配合，使高低起伏，节奏鲜明，起到相互调剂，相互补充的效果。

(5)科学安排休息的方式和时间，根据生理负荷和心理负荷的特点，科学地安排休息的方式和时间，以达到理想的效果。

(6)做好生理和心理负荷的测量、统计和分析工作。在评价体育课的质量时，既要安排生理负荷的测量，又要安排心理负荷的测量，以便从生理和心理两个方面进行全面的客观评价。

## 六、循序渐进原则

循序渐进原则是指体育教学内容、教学方法和负荷的安排顺序，必须遵循系统性和连贯性的要求，符合学生的年龄、性别特征，使学生按照一定客观规律的顺序，逐步得到提高与发展。

循序渐进原则的依据是人们认识事物的规律、动作技能形成的规律和知识、技术的系统性和连贯性。在体育教学中，必须遵循由易到难、由简到繁、由已知到未知、逐步深化，才能使学生更好地掌握体育的知识、技术和技能。贯彻和运用循序渐进原则的基本要求如下：

(1)提高教师素养。教师要提高自己的文化素养，深刻了解学生身心发展的一般规律和特点，了解各项教材的系统性，以及各项教材之间的关系。

(2)制定好教学文件。制定切实可行的教学工作计划文件，保证教学工作系统连贯地进行。在制定教学计划文件时，每个运动项目、每次课、每学期的内容和教法，都应前后衔接，逐步提高。

(3)安排好教学内容。在安排教学内容时，既要考虑该运动项目由易到难、由简到繁的顺序，又要考虑与其他运动项目之间的关系。先安排哪个项目，后安排哪个项目，要符合循序渐进的要求，使前一个项目的学习有利于后一个项目的学习。

(4)逐步提高生理负荷。体育课中生理负荷的安排，应采取波浪式的有逐步提高。这是因为机体适应某种生理负荷需要有一定的时间。就一学年或一学期来说，应有节奏地交替进行不同负荷的体育课。本次课的生理负荷，应安排在前次课后的超量恢复水平上。

## 七、巩固提高原则

巩固提高原则是指在体育教学中，要使学生牢固地掌握所学的基础知识、基本技术和技能，不断地发展体能，增强体质，并有所提高。

巩固提高原则的依据是运动条件反射建立与消退的生理规律。因为动作技术、技能的掌握、巩固和提高，是通过不断地反复练习而形成的。反复练习可以使运动条件反射不断地建立和巩固，并在大脑皮层建立动力定型。但是动力定型建立以后，还要继续练习，不断强化，使动力定型更加巩固和完善，否则，已经形成的动力定型还会消退，从而影响教学效果。贯彻与运用巩固提高原则的基本要求如下：

(1)反复练习。组织学生进行反复、经常的练习，增加练习密度，反复强化，不断巩固运动条件反射，是贯彻巩固提高原则的基本方法。每次课都要使学生有足够的练习时间和重复次数。但是反复练习不是简单机械地重复，而是要在原有的基础上逐步提高要求，不断地消除动作的缺点和错误，使学生看到自己的进步，就能更好地激发起学生反复练习的自觉性，就更有利于学生巩固和提高所学的知识、技术和技能。

(2)采用提问、测验、竞赛等多种方式。采用提问、测验、竞赛等多种方式，是贯彻巩固提高原则的有效手段。在运用这些手段时，要根据课的目标和要求进行。在某一阶段的教学告一段落时，可采取竞赛的手段，观察学生在复杂多变的竞赛条件下，运用所学的体育知识、技术、技能的熟练程度。

(3)改变练习条件。改变练习条件，可以对巩固提高体育基本技术、技能起到良好作用。改变练习条件包括场地、器材及动作结构、环境条件等，如平地跑改为斜坡跑，改变器械重量和动作组合等。

(4)课内外结合。教师在课堂教学的基础上，可以布置一定的课外体育作业或家庭体育作业，使课内外紧密结合，以达到巩固提高的目的。

(5)培养进取动力。不断提出新的目标、培养学生的兴趣和进取动力。

以上体育教学原则是一个完整的体系，应相互联系、互相补充，在体育教学中全面正确地贯彻执行。体育教学原则是一个发展的范畴，但是在一定的时期内，又具有相对的稳定性。随着体育教学实践的发展，人们对体育教学规律认识的不断深化，体育教学原则也将得到不断的充实和发展。

# 第二章　体育文化视域下高校体育教学工作

## 第一节　体育文化与高校体育文化

### 一、体育文化

#### （一）体育文化的相关概念

体育文化与体育不是同一个概念，前者是结构性的，而后者是动力性的。体育文化同一般文化也不是一个概念，在体育文化中，结构不仅是行动的中介工具，也是行动本身，它不是对竞争和进取的制约，而是竞争和进取的条件和保证。

体育文化是人类在社会活动和体育活动中所建立起来的一整套规范体系和价值体系，以及体育活动的方式和设施等。它不仅要满足人自然本能的需要，还要满足人们对体育文化的社会心理需要——体育文化属于改造自身的文化类型。

体育文化之所以有价值和值得发扬，就在于它有助于形成进取性道德和竞争心，有助于克服怯懦、卑劣等缺乏竞争能力的心态，从而纠正我国传统文化心理结构的倾斜不平衡状态，对于改善个人和民族的精神素质和身体素质、增强民族的生命力具有积极的作用。这个作用对于社会的进步及当前正在进行的改革和现代化也是一种推动。

为了便于理解体育文化，以下是对体育文化相关概念的阐述：

(1)体育文化丛。体育文化丛是指在一定时空中产生和发展起来的一组功能上相互整合的体育文化特质丛体，是一个研究体育文化特质的单位。例如，武术文化作为传统体育文化的一个特定内容在其历史发展中受到文化的辐射，从单纯军事需要的实用性局限中解脱出来，既保留攻防技击的精髓，又发展了健身和审美的方面，建立起完善的武术文化丛体。体育文化丛是各种文化特质持续发展、相互整合的结果,共同形成了文化特质交错的体系。

(2)体育文化冲突。随着现代社会的不断发展,体育文化逐步形成了不同的模式和不同的类型。这些不同模式和不同类型的体育文化在价值观念方面存在一定差异,甚至相互冲突,这便是体育文化冲突。在体育文化交流中,体育文化冲突是常见的现象。

(3)体育文化交流。体育文化交流构成了世界体育演进的历程,在交往的进程中触发了一系列体育文化观念的比较、冲突和变迁,从而推动了世界体育总体发展的步伐。

### (二)体育文化的分类

(1)按两分层次分类。对体育文化分层,是对体育文化包含的内容进行层次划分。对体育文化的层次分类并没有必须遵循的固定标准,更没有不可改变的层数规定。通常情况下,对体育文化两分层次分类,主要有以下方式:体育物质文化和体育精神文化;体育制度文化与体育非制度文化;体育观念文化与体育非观念文化;体育竞技文化与体育非竞技文化;体育项目文化与体育项目外文化;体育运动文化与体育外围文化;体育观念文化与体育行为文化。

(2)按目的分类。按照目的不同,体育文化可以分为以竞赛获胜为目的的竞技体育文化、以体育教育为目的的高校体育文化、以强身健体为目的的健身体育文化、以娱乐休闲为目的的休闲体育文化和以特殊服务为目的的特殊体育文化等。

(3)按起源分类。按照起源不同,体育文化有不同的分类方式。从世界体育的角度出发,体育文化可以分为东方体育文化和西方体育文化两大类。

(4)按组织分类。组织的分类本身是多样化的,所以按照组织形式来划分的体育文化自然也会有多种。按照组织来划分,体育文化可以分为医院体育文化、机关体育文化、银行体育文化、工厂体育文化、学校体育文化、财团体育文化、图书馆体育文化等多种形式。

(5)按历史分类。按照历史分期,体育文化也会有一种分类方式。这里以中国体育文化为例,按照粗略的历史分期法,中国体育文化分为三类,即中国古代体育文化、中国近代体育文化和中国现代体育文化。

### (三)体育文化的结构

体育文化作为世界文化的重要组成部分,以其独特的文化底蕴和内涵,在世界文化舞台上尽显特色，散发着迷人的光彩。与其他任何文化一样，体育文化内部相互联系、相互作用的诸要素之间经一定的排列组合后，形成一种相对稳定的、可以识别形貌的整体。在这一有机整体中，物质文化、制度文化和精神文化是体育文化的三个构成要素。

(1)体育文化结构的动态性。动态性指的是体育文化结构的可变性或开放性。这一特征更能表现体育文化的本质特征。体育文化在进行相关的交换交流活动时，整个系统的结构一直都处于动态变化中，而且这种变化还非常明显，有的是量变，有的是质变。近代以来，体育文化经历了几次重大的交流活动，而这些交流活动对中国体育文化的影响是极其深刻的，特别是西方体育文化慢慢进入中国，中国的传统体育文化潜移默化地发生了变化，从外在的物质层面到内在的精神层面都发生了改变，我国的传统体育文化越来越开放，得到了前所未有的发展。

(2)体育文化结构的稳定性。体育的文化结构形成之后，在短时间内它的状态是不会改变的。即使体育文化的要素发生变化，为保持系统的完整性，体育文化结构也不会以自动、立即和直接的方式发生变化。所以，大致可以这样认为，稳定性和封闭性是体育文化结构所具有的两个特点。当然，这种稳定性和封闭性是相对的，体育文化结构的稳定相对于其要素是限定的。例如，我国古代的民间体育结构与宫廷体育结构之间的封闭性和稳定性就是相对的，实际上它们的结构是没有完全封闭的。民间体育文化的要素和结构的改变，就从某种程度上对此发挥了一定的作用。体育运动项目的发展，在很大程度上受当时统治者兴趣爱好的影响。皇亲国戚会自己加强练习或者培养一些专业选手来表示对某些体育项目的爱好，中国宫廷体育文化的基本结构就是这样慢慢形成的。这些项目的表演者有时会在皇宫内表演，有时会在街头小巷，甚至地间田头卖艺，这些项目无论是在宫廷还是在民间都是经常流动的，但其基本结构还是相对比较稳定的。

(3)体育文化结构的整体性。体育文化中的物质层面、制度层面和精神层面并不是机械地重组。体育文化是活生生的人或共同体创造的具体的社会文化。体育文化结构不可能像自然物质体系那样具有严整性。可分性和不可分性统一于体育文化系统及其结构中，任何体育文化系统都包含若干不能脱离原系统或可以容纳到别的体育文化系统的体育文化要素。不能脱离原系统的体育文化要素意味着它与这个体育文化系统之间具有不可分的关系，可以容纳其他体育文化系统的体育因素意味着它与这个体育文化系统具有可分的关系。然而，体育文化自身内部的逻辑要求体育文化内部的各种结构要素应具有整体性。此外，体育文化要素间存在相容与相克的关系。

(4)体育文化结构的自调性。在体育文化发展中，自调性常常表现为本土和外来的体育文化之间的整合，而这又与社会发展水平及其生存的大环境有关。中国在封建社会的鼎盛时期大量吸收、改造外国体育文化和本国少数民族体育文化，形成自身的体育文化。中国武术在近代体育史上，在接受西方体育的教育方式和竞赛制度的同时，抵制了一些西方文化的冲击，反映了中国传统体育文化的高度自调性。经济越发达，社会越开放，本土体育文化就越能够接受和消化外来的体育文化。

(5)体育文化结构的层次性。层次性是体育文化结构的明显特征之一。体育文化包括等级性和多侧面性这两个基本层次。将体育文化分为深层结构、中层结构、表层结构的若干纵向等级，这就是体育文化的等级性；将体育变化分为若干横向的平行部分，并且这些部分相互联系又各自独立，这就是体育文化的多侧面性。不同体育项目的文化，彼此属于平行关系，既相互联系又相互独立，并相互制约：综合结构复杂而又多元、多层次的中国农业文化使中国体育文化具有复杂结构，形成了潜在形态的体育文化，未能独立于娱乐文化之外。而现阶段城市体育文化发展的主要特点是竞技职业性体育运动的发展，由此中国传统体育文化体现出等级性和多侧面性。

### (四)体育物质文化

体育物质文化是人类以体育为目的或在体育中的活动方式及其物质形态，可以分为三个部分，各个部分之间的联系十分紧密。

1.体育物质文化的分类

(1)以促进体育发展而创造的物质的各种体育物化品。这是整个体育物质文化中最高层次的内容。人类的文明成果是在人类意识的支配下创造的产物。体育物质文化不仅包括各种各样的体育器材、体育用品和体育场地，还包含了深刻思想内涵的物质文化成果。而且，它与体育制度文化和体育精神文化相比具有明显的区别。这主要体现在功能的基础性、形态的物质性、表现的易显性三方面。例如，运动服装、体育建筑、体育雕塑、运动器材等，都是体育物质文化的具体表现形态。

(2)以改造人的身心为目标的体育活动方式。体育运动是人类发展的灵魂，各种各样的体育运动方式是人类的创造。耕田、锄草、插秧、印染、纺织、锻造等农业和工业的劳动动作，就是人类满足其生活的基本活动方式。

从逻辑上而言，以追求身心健康为目标的体育运动方式，不仅没有脱离人类的基本劳动方式，还能对人类的基本劳动方式进行行为补偿。原始社会的人类为了获得食物而进行的跳跃、投掷、攀爬、奔跑等，除了是基本的劳动方式以外，还孕育了体育活动的方式。伴随着人类文明的不断进步，为了能够提高劳动效率和工作能力，纯粹的体育活动方式越来越繁荣，并且已经成为当今满足人们精神需求的一种极具生命力的生活方式。其中有以增强体质为目的的网球和篮球等运动，有以调节紧张工作为目的的跑步等运动，还有以放松为目的的足球比赛等运动。

(3)以满足体育需求而创设的体育器材和场地设施。在人类文明发展的进程中，将自身的力量作用于客观的物质是最为基本的体育活动，也是人类为了能够满足自身的各种需求而创造的产物。但是，体育需求作为一种以精神为核心的需求，从逻辑上而言，它的出现晚于人类的衣食住行等基本需要。不过，这并不影响人类全面发展需求的欲望。由于体育活动本身的特点，这种体育物质文化常常比其他物质文化更具有象征性。在当前世界的体育设施和体育用品中，像棒球场、足球场、篮球场、田径场、雪橇、网球拍、游泳镜等，不但成为人类多种体育用具和体育设施中较为耀眼的部分，还常常在科技水平及信息含量方面更胜一筹。伴随着人类需求的不断增长，满足高层次精神需求的创造力将越发强劲。这必然会有效地推动体育设施和体育用品的进一步发展。

2.体育物质文化的价值

(1)基础性。体育物质文化是体育精神文化和体育制度文化的基础部分，早期的人类历史和文明形态就把石器、青铜等的划分作为体现物质文化的价值基础。如果没有足球及足球场地作为物质的基础，那么足球协会等组织及足球精神就根本无法存在和发展。

(2)物质性。体育物质文化是一种有着物质实体的、现实的、完全可以感知的体育文化事物。虽然这些具体事物凝结了劳动者的主体意识，但是其内容却是物质性的而非精神性的。与此同时，体育精神文化产品即使是被物化了的产品，也不能完全地展现对自然客体的一定改造。

体育物质文化是对自然客体的改造。换言之，其天然就是物质性的。例如，一个网球场和一本体育书籍都是体育物质文化的内容，当中虽然蕴含了一定的体育精神，但是它们归根结底是物质性的，不是精神性的。除此之外，体育物质文化是在极为有限的时间、空间中的存在；而体育精神文化直接反映了人们的精神世界，具有心理空间无限性的突出特点。

(3)易显性。体育物质文化与社会发展水平的直接因素是生产力关系，并且处于整个体育文化的表层，体育文化的发展常常是从体育物质文化上表现出来的。如在近代，西方体育文化中的篮球及场地、足球及场地、西方人的运动方式等首先引起了当时中国人的注意。而中国人接受最快的也是体育物质文化内容，而对公平竞争体育精神及建立体育俱乐部的接受则比具体体育物质文化的引进晚一些。

### (五)体育制度文化

#### 1.体育制度文化界定

体育制度文化是整个人类通过体育运动改造、完善自身的活动方式及制度的产物，可以说是在调控和规范体育运动中，人们各种各样的社会关系的规章制度和组织机构的总称。体育制度文化其实是在体育文化活动的过程中人类自身活动构成的文化，是一种动态、稳定的文化成果，不仅区别于体育物质文化，也区别于体育精神文化。体育制度文化包括体育制度、体育社会组织、政治和法律形式、风俗习惯、体育伦理道德、民族、语言及民族教育等。

体育制度文化在整个体育文化系统中处于中介层面。体育体制在体育制度文化中，位于最高的层面，可以说是连接体育规范与体育机构的纽带。其集中表现在高校体育体制、竞技体育体制、体育科研管理体制、足球联赛管理体制、篮球训练及竞赛体制、体育场馆管理体制、运动协会管理体制等各个方面；同时，其是通过制度的主观作用对体育文化进行创造。比如，世界竞技体育的管理制度基本可以分为间接干预型、直接管理型、综合管理型，有些国家分别是三种竞技体育管理制度的典型代表国家。当前，世界上各个国家的竞技体育管理体制基本上向综合管理型过渡，也就是运用政府和社会结合的方法来管理竞技体育。

在一些具体的体育制度文化层面，当今世界上存在着完全不同风格的体育文化类型。例如，中国与德国的体育科研体制的差别：中国是由国家体育总局科教司来进行中国的体育科研工作，而德国则主要通过联邦体育科研所进行；中国的相关机构数量多，而德国体育科研机构的设置较少。

#### 2.体育制度文化的价值

(1)时代性。政府机关以及所处的社会制度会对体育制度文化起到制约作用，尤其是对体育制度文化中的最高层次的影响更为明显，这种影响还会因为政府的更迭和时代的变化而有所变化。每个时代的文化其实都是统治阶级的特权文化，因此体育制度的文化必然也会带有阶级的烙印，就如职业化的体育俱乐部就是资本主义社会的特有产物。

(2)俗成性。体育制度文化中的有些内容并不是某个部门某个机构强行规定的，而是在体育发展的漫长历程中约定俗成的，是不经意间留存下来的传统。参与体育的各种群体会无意识地产生一些痕迹和习惯，而被后世所沿用。一些少数民族体育的风格就带有这种明显的特性。

(3)连续性。体育制度文化中的一些浅表层的内容会因为与所处的时代不相适应而被淘汰和摒弃，通常传承下来的都是一些具有重要作用和价值的内容。如赛场上裁判制度的设立其实就是古代体育游戏中流传下来的一种体育制度的文化，裁判制度一直被沿用至今。

(4)内化性。有的体育制度文化可以潜移默化地浸透到参与者的潜意识中，在并无任何外部刺激的情况下也会被自觉实施。比如，在足球赛场上，如果对方有球员受伤并倒地时，本方的球员通常都会主动把足球踢出场外形成一种死球的状态，双方队员共同等待专业人员对伤员进行救治。当伤势治疗告一段落后，球权也会被主动送回。

## 二、高校体育文化

高等院校既是一种教育环境，也是一种文化环境，在为社会培育优秀人才的同时，文化的渗透也是至关重要的。“高校体育文化是形成大学生健康体魄与和谐精神的重要资源。”[①]校园的文化氛围将直接影响在校学生的综合素质发展以及对所学专业学科的认识，良好的校园文化能为优化育人创造优质环境。在高校这一种与众不同的区域中，生活在其中的大学生们具备相较于其他群体更为特别的价值体系、思维方式、心理状态和思想观念，校园文化也由此而显得颇具内涵。

然而体育文化在高校校园这样的一个特定的环境中，进而也逐渐形成了一种独特的文化现象——高校体育文化。它是体育文化主干中的一个分支，也是校园文化组成中不可或缺的一块拼图。高校体育文化是一种在高校区域内所形成的具有特色的体育文化氛围，主要群体是在校学生，重点内容以课外体育文化占大部分，主要的空间以高校环境为基础，以校园精神作为重要特征的一类群体文化。高校体育文化是一种具有深刻内涵和丰富外

① 高小平，崔成前. 高校体育文化育人功能与建设路径研究[J]. 江苏高教，2019(10)：97－101.

延的独特的社会文化现象，这与校园德育、智育和美育文化等凝聚一起组成校园文化群，同时也与竞技体育文化、大众健身文化组成了广义的体育文化群。

高校体育文化极具独树一帜的属性，以社会文化为源，将社会文化作为背景支撑，却给世人展现出不一样的寄存在社会文化中的一种具有特定含义的文化，由此高校体育文化具有与众不同的功能。高校体育文化的核心是高校精神，是一种更深层的群众意识，是某一特定群体所具备的向心力与凝聚力，同时体现出整个高校人群共同认可的价值取向、心理特征和行为方式。高校体育文化能发掘在校学生的无限潜能，受到广大学子的关注和青睐，是将大学生个体化推向社会化进程中坚实稳定的力量。

### （一）高校体育文化的特征

（1）传承性。我国高校体育文化具备明显的时代特征，体现在涵盖的内涵与思想中，从西方体育文化始于清朝末年的进入，到改革开放后当代体育文化的变革，高校体育文化都深受影响，并随时代的日新月异而不断进步，其中涌现出一大批优秀的体育文化传承者。在高校这一特定的环境中，体育文化既有在师生之间传承，也有在学长与后辈之间传承，体育文化的传承痕迹在校园中随处可见，在良好的校园文化环境中，高校体育文化的传承性将被更多人所发现和认同，势必有更多的人参与到其中，为传承高校体育文化尽一份力。

（2）民族性。中国是统一的多民族国家，民族传统体育具有丰富多彩的形式和内容，例如汉族的武术、蒙古族的射箭和摔跤、回族的扔石锁、苗族的赛龙舟等等，几乎所有的民族都具有各自传统的体育项目。随着近些年高校体育工作的逐渐深入，形式种类多样的民族传统体育项目在校园中扎根，传播高校体育文化中既要保持和发扬民族传统，也要把拥有民族特色及饱含深意的体育项目作为文化的传播核心，方能体现出高校体育文化的民族性。

（3）导向性。我国在去年发布了全面健身计划，对体育将进行更深入的改革，更广泛地开展大众体育，势必将引领全民健身的新风尚，为建设健康中国奠定基础。目前我国的改革开放逐渐深入，体育也不例外，各项政策在不断改革创新的同时，积极与全世界国家探讨交流完善制度，高校体育文化的发展由此获得了广泛的空间和机会，成为高校体育文化的指引，引导其不断创新发展。

(4)多样性。高校体育文化的宗旨,意在培育师生的体育精神、技能和意识。为了更好地提升学生的体育文化素养,促使其身心更加健康,高校开展了丰富多样的校园体育文化活动。如全校的篮球比赛,结合了文化与健身,展现出健身与文化的特殊价值;舞狮、武术等体育运动形式是民族与世界的融会贯通,促使民族体育文化发扬光大,向全世界推广;校园健步走则是实践与知识的结合体现,使学生从中能体验到体育的无尽乐趣和价值。

### (二)高校体育文化的功能

(1)健全身心功能。世界卫生组织认为身体健康、心理健康、社会适应性良好、道德健康的才是完全健康的人,高校体育文化的功能之一就是健全身心,通过身体与心理的协调发展和共同进步得以体现。在体育锻炼的持续时间内,人体各器官系统得到有效刺激,机体将在身体结构、心理意识和生理机能等方面产生一连串的适应性反应,从而促进人们的身心健康,对人生产生积极影响。除此之外,作为娱乐消遣的生活方式的一种,体育锻炼能更好地发挥心理调适的功能。

(2)教育指导功能。高校体育文化不仅具有健身健心的功能,还有利于大学生的意志磨炼以及人格塑造,具有环境育人的效果。高校体育文化是社会文化的一种衍变,能在学生与社会之间搭建桥梁,模拟社会文化氛围,使学生能提前适应社会环境,发现自身不足,从而提高社会意识等,还可以促进人际交往,培养社会活动能力,从而促进学生的社会化,使之能在步入社会后更好更快地适应社会的需要,得到认可,为社会注入正能量。

(3)娱乐调节功能。高校体育文化常通过娱乐的形式表现,体育活动中也充满着乐趣,可以调节在校学生的生活,活跃气氛,增添生活情趣,使学生从严肃的学习环境中解放出来,愉悦身心,对下一阶段的学习也能起到促进作用。

(4)激励陶冶功能。在良好的高校体育文化氛围中,能培养在校学生的责任感和荣誉感,以及积极进取、敢于拼搏的精神,从而激励学生。除此之外,高校体育文化还对学生的审美影响深远,运动表现与形体美、自然美和艺术美密不可分,运动本身也能给予人美的享受。在多样的体育文化活动中,体育项目、竞赛、表演,包括体育摄影、雕塑、建筑等,都能感染和陶冶学生,使其感受体育之美,学生的审美意识得到提高,也将提升学生对体育的热爱程度。

## 第二节　高校体育教学中体育文化建设的意义

### 一、营造高校体育教学的良好氛围

校园体育文化是滋养高校体育教学事业发展的土壤，是体育教学取得长足发展的养分来源。校园体育文化的丰富和乐趣性有助于体育活动成为学生们欢迎的文化活动，同时还能够促进学生潜能的发挥、能力的发展以及文化素养的提升，并且还承载着学生从“自然人”向“社会人”转变的重要任务。高校的体育文化生活为学生精神世界的构造和丰富提供了广阔的舞台。拥有浓厚体育文化的校园，是充满活力的校园，是具有优良文化底蕴的校园。公平、团结、自强、自信的健康向上的体育精神在体育文化中得以滋养和传播，它能够以其特有的魅力对学生的课堂生活和课余生活起到潜移默化的影响。体育文化是校园文化中参与人数最多、辐射范围最广、持续时间最长、对人的影响极其深远的文化活动。无论是高校师生还是教学本身，都受到环境的影响，通过从文化环境中吸取养分，不断地追求卓越。

校园体育文化以无声无息的方式影响师生的心理，进而影响体育教学的方式和效果。一方面，它以教师教、学生学的课堂教育形式，为学生们学习体育知识、技术和技能提供了良好的外部氛围。通过切实可感的体育运动、严密有效的体育规则、规范的体育动作以及结合生命科学产生的体育指导，使参与者感受到体育运动给身体带来的无限变化，从而从内心深处接受校园体育文化的引导和熏陶，并逐渐内化为自身潜意识的言行。另一方面，校园内的体育文化通过课余的体育活动对改善校园人的知识结构、促进身心健康发展起着不可估量的作用。由于体育文化自身的特点往往能够营造一种亲密无间、彼此信任的心理气氛，达到一种以集体荣誉为共同目标的价值取向，形成共同的道德标准和团队的统一信念。在体育文化的氛围和为共同目标努力奋斗的激励效应下，教师和学生会自觉地产生集体荣誉感，并形成强烈的责任感和使命感，任何人都会为了达成目标贡献自己的力量，并且在体育教学过程中，集体的力量、公正平等的精神产生了激励和进取向上的教育力量，让师生们在达成体育教学的目标的同时，感受和发扬人文精神，在追求真知的道路上勇敢探索。

## 二、培养高校体育教学中学生的主体意识

“高校体育文化是高校文化的重要载体，具有独特的文化价值，对于大学生形成正确的健康观，树立终身锻炼意识具有潜移默化的作用。”[①]当今时代要求高校培养出全方位发展的、富有自主精神的具有创造力的人才，高等教育要在培养学生的自主意识方面做出更大的努力。主体主要是指对象性活动的承担者和发起人，而客体是对象性活动的受动者和接收人。学生的主体意识是在教育活动中，学生应该在教师的引导下完成任务和发挥作用，具体表现为自主性、能动性和创造性。学生的主体意识的发挥是教育的核心，是素质教育的基本要求。

高校大学生在教学活动中的自主性，主要表现在以下两个方面：

(1)具有独立的、不轻易受他人影响的、坚定的自我意识，并且通过教师的启发和引导，能够自主探索提升自身能力的途径。

(2)充分认识到自身的能力，对学习活动进行自我调节和控制，充分发挥自身潜力和主观能动性。

然而，学校体育教育的中心目的仍然是增强学生体质，促进学生身心健康发展。只靠体育教育的时间来达到这个目标是不现实的。因此，必须依靠校园体育文化的传播和熏陶来提高大学生的认知水平，增强基本的体育技术技能训练的意识，进行自主和独立学习的能力，最终让学生养成终身体育意识的良好习惯。

体育文化建设的过程包含着许多激发学生的体育兴趣、培养学生参与体育锻炼的自觉性的活动。体育文化建设常常采用竞赛的方式，鼓励学生们主动参与。体育竞赛作为体育教学中常用的教学方式，是强化和提高学生主体性的体育意识最具活力、参与范围极广且广受学生们欢迎的方式，它能快速有效激发学生群体的上进心、竞争意识和集体荣誉感，让学生发挥自我能动性地赢得比赛，还能培养学生的集体主义思想观念，在为争取集体荣誉时收获个人荣誉。如在冬季体育教学中，可组织不同范围的拔河比赛，小范围的组与组之间、大范围的班与班之间，能够吸引大多数学生的积极参与，并且随着现代体育运动的多样化，在组织这类活动中，还有学生可以负责啦啦操评比，使其他学生在参与和观看比赛过程中，充满乐趣性和参与

---

① 杜放，张守伟. 我国高校体育文化建设的审视与考量[J]. 体育文化导刊，2014(07)：141－144.

感，并且大家一起出谋划策，为赢得比赛贡献力量。

体育文化建设鼓励多样化、丰富化的体育教学活动，也能极大促进学生主体性的发挥。如在体育课程的设置中，有满足男生喜欢竞赛性强的项目，如足球、篮球；而体育课程设置如体育舞蹈、体操或是羽毛球等课程，是为了满足女生的喜好，充分尊重了学生主体意识。此外，体育文化建设鼓励体育教学以多种方式、新颖的手段开展，从而挖掘学生的运动潜力。体育文化建设促进着教学中采取各种措施以满足学生独特的、根据自身特质产生的合理要求，激发学生体育学习的兴趣，充分发挥他们的主体作用。

## 三、充实高校体育教学的内容和形式

高校的体育文化建设需要丰富多彩、类型多样的体育活动作为支撑，如运动会、体育节、社团建设等，改善了其他教学模式和传统的体育教学模式中单一、枯燥的特点。这些新颖多样的校园体育文化活动，调节了紧张的学习压力，丰富了学生的校园生活，为学生的校园生活充当了增色剂的作用。

在全面建设体育文化的背景下的体育教学任务的开展要求各高校以体育专业内涵发展为主线，结合社会对人才培养的需求，搭建了综合性的知识结构合理化的课程体系。新时代的体育教学课程提出了许多的高要求，一方面，通过创新教学方法、鼓励教师从事相关教学研究工作，使学生的探索意识、创新意识和能力在多元化的教学方式中得以激发和挖掘。另一方面，教学的组织模式也可以综合创新，如小群体教学法、互动式教学法及合作教学模式等方法的发展及结合。在理论性的体育教学活动中采用统的上课方式加上多媒体教学，给学生以生动、直观的印象。在体育技能课中穿插理论教学，在实际过程中切实运用到理论知识。体育文化的有效建设要求体育教育的内容和形式具有良好的口碑和传播效应。要满足广泛传播性，体育教育将教学地点从校内延伸到校外，将人才培养与学科专业特色发展相结合、将统一的要求与个性发展相结合，能够探索出宽口径的创新型人才培养模式，实现人才培养的个性强化，同时又能够有效适应社会。

高校体育教学的形式越多，必然就会引起学生的兴趣，增加学生的参与程度，激发学生的创造力。现代社会文化事业繁荣发展，不少学生都会在课外选择到健身房、舞蹈室或是其他类型的体育运动工作室参加体育锻炼。因为课外的体育活动往往更具趣味性和多样性。这说明在体育文化繁荣发展的今天，高校的体育教学的形式也应该更加贴近学生的实际需求，更加反映学生们的多样化的需求，才能不被课外的具有商业性质的体育活动所取代。因此，在建设体育文化口号的大力倡导下，学校不仅出于文化建设的主体性地位，更出于被动面临竞争的紧迫性，为了提高参与的广泛性、增强体育教学的效果，应该努力建设更多的诸如体育俱乐部、体育社团、体育文化节等类似的具有活力的体育文化形式。

## 四、促进高校体育教学文化理念的更新

先进的文化理念是推动经济发展和社会进步的重要因素之一。没有高度的文化自信和文化繁荣，中华民族就没有伟大复兴。体育文化建设的繁荣昌盛需要体育教学体现时代气息和旺盛的生命力。这一要求需要高校进行体育教学时，结合时代发展，不断改革教学理念，更新教学体系，使用规范化、法治化的制度，结合学校体育教学实际情况，制定相关政策和管理方法，确保高校体育文化具有强大的生命力，紧跟时代的发展。

首先，高校要转变传统体育教学的功利性理念。只有转变理念，突出学生的主体地位，尊重学生的体育权力，根据学生兴趣、爱好、身体素质等方面的个体差异，建立和谐平等的师生关系，促进学生在体育运动方面的自由发展，才能保证社会主义文化建设的有效实施。在社会主义核心价值观的倡导下，结合学校体育教学实际情况，有针对性地制定相关政策和管理方法，保证高校体育文化具有较强的生命力，体现时代发展气息。建立大学体育课程，必须具备大众化的特点和步骤，确保所有学生都能积极参与体育教学，学生可以在毕业后继续进行体育锻炼。高校要革新当前体育教学中重技能技巧训练、轻体育健身教学的现状，树立“健康第一、运动快乐”的体育教育观，营造良好的高校体育教学文化环境。

其次，传统的体育课程教学观是以掌握动作技术为宗旨，提高技术水平为目标的，在此观念指导下，体育教学主要是以学生掌握各种体育运动技术为首要目标，而相关的基础理论的教学内容只占据小部分。在大力发展体育文化的背景下，体育教学内容应该以理论与技术相结合，基础理论和运动技术齐头并进，这样才能使运动技术的提升有科学的指导，而基础理论的发展有应用之处，强调学生综合能力的培养，凸显学生人文知识素养和创新意识的重要性。新时代下的体育教学观应该以人文知识教育为主要内容，增加体育技术的历史发展沿革、人文精神内涵的相关知识；培养学生正确运用各种运动的基础理论知识进行创新，创造性地使用锻炼身体、增强体质的手段与方法。

# 第三节　高校体育教学中体育文化建设的路径

## 一、体育物质文化建设的路径

学校的物质文化建设是整个校园体育文化建设的基础。随着学校办学规模的扩大以及新时代下学校体育教学的多元化需求，校园体育的功能和作用也开始多元化发展，这必然要求学校的体育馆、体育设施、体育器材适应体育文化的多功能需求。但是这些现代设施的功能开发和利用的层次不断提高，给管理、使用、维护和开发带来了新的问题，因此，加强体育设施的管理、利用和维护，使其能更大程度地发挥这些硬件设施的功效是高校体育教学物质文化建设的必由之路。

### （一）加强体育设施的教育导向和文化传播功能

（1）学校的体育器材、场地设施属于硬性的、缺乏教师指导的情况下由学生自主使用的物质文化。学校可通过赋予运动设施一定的教育性为学生自主锻炼提供安全和科学的保障。如在每个体育设施旁边设置“提示牌”，提示内容包括活动项目的名称、使用方法、发展身体哪些方面的技能和素质、使用中的注意事项、使用的评价标准以及使用示意图等，让学生有目的地、有指导性地使用运动设施和器材，并形成关于这些运动器材的系统性的知识，提高体育文化素养。此外，可以在体育场馆旁边设立一些国际知名的体育雕塑，添加名人简介以及所获荣誉，从而为学生创造一个浓厚的高尚的体育氛围。

（2）在体育教学过程中，在使用物质设施之前，体育教师应该对所运用到的设施、器材进行系统化讲解，帮助学生树立系统化的体育思维，而非仅仅专注于运动训练。通过强化对物质设施的关注和学习，学生可以感受到学校领导和教师对于体育事业的热爱和认真的态度，能够将精神性的、心理上的体育意识和感悟物化到体育设施上。对具象化的体育设施的学习和关注，有助于学生进一步加深对体育文化的感悟，从而更好地通过物质设施传播体育文化和体育精神。

### （二）强化设计体育人文景观

随着高校招生人数的增加，教学所用的基础设施建设力度加大，教学环境得到了很大的改善，但是在物质文化环境的构建中，除了所用设备、器材和教学环境，还应该包括整体构建的人文景观。在校园内适当挖掘体现学校体育文化特色的人文景观，能够代表一个学校独特的精神风貌和希望传递的价值观，形成具有学校特色的文化氛围，也大大丰富了高校的体育物质文化，达到对学生潜移默化教育的作用。每所高校的办学历史、办学理念、办学区域、办学方式不尽相同，传统的校园文化和时尚体育文化的影响程度也不同，具有特色的体育文化最直观的体现就是学校的体育场馆构建、布局以及体育雕塑等综合起来的体育人文景观的建设。

高校体育人文景观的建设，是提高学校体育文化品位的基础，是高校体育文化的外在标志，对于形成良好的校园体育课堂氛围具有积极的宣传作用。校园内的每一处体育雕塑都象征着体育精神，活跃着体育氛围，激发着体育热情。

### （三）创新体育教学中对空间和设备的利用

作为具有强烈象征意义的校园内的体育建筑、雕塑和体育场馆，其本身的构建和展示形态就是一种文化现象，通过具象的形态成为了体育意识和体育文化的实际载体，这些文化现象代表着人们想表达的思想和凝聚的智慧，体现着人们的价值观。这些文化要素对人们起着潜移默化的陶冶作用。因此，在体育教学过程中，应该充分利用学校的空间，合理布局体育场地，因地制宜地开展体育文化活动，建设场馆，增添设备。进行体育教学的体育场馆应该经过科学细致的安排和布置，整洁明亮。除了传统意义的体育场馆，还应该促进体育展览室、体育宣传橱窗和校园体育网等新兴空间的利用。

体育教师还应该带领学生具有创造性地对现有体育设施进行多功能的开发。新时代文化建设的目标是要激发全民族的文化创新和创造活力。只有创新才是推动新时代文化繁荣兴盛的主线。体育设施在设计时通常只具有一到两种主要功能，但是许多体育运动和技能训练的设计都是紧密联系的，应该通过转换视角和发挥联想，挖掘体育设施的多种功能。体育教师在教学过程中通过创新教法，既可以达到合理开发和利用场地空间及设施的效果，还能够激发学生的学习兴趣，调动学生的学习积极性，满足不同层次学生的需求。

创造性地使用体育教学设备在新时代下的集中体现是结合以计算机为核心的信息技术，使教学方法变得易于操作和展示，从而更加生动、科学和全面地展示出教学内容,让学生们更易于接受。例如,在体育教学中,许多动作具有连贯性,稍纵即逝,这给教师进行讲解和示范带来了难度,通过利用信息技术,可以把这些复杂的动作通过慢放、重放等方式讲解,减轻了教师重复多次示范学生仍不得要领的尴尬境地。并且,许多技术动作的完成需要对各自身体的肌肉群的了解和感悟,慢慢带动练习。通过运用多媒体技术,教师能够一边播放肌肉解剖图,一边对学生的动作进行实际指导。

## 二、体育精神文化建设的路径

### (一)强化学生的主体地位

教师在体育教学过程中,可以通过各种各样的形式促进学生成为活动的主体。在现代社区中可以开展多彩的体育活动。学校可通过加强与社区的联系,举办以学生为主体的、服务社区的体育活动。如将体育教学的课堂搬到社区去,由学生充当社区里的体育教师,对社区里的体育运动和比赛进行专业的指导和培训,让具有“一技之长”的学生可以在社区体育活动中充当教师的角色,这对学生的组织指导能力、更好地理解体育知识、提升自身的体育技术无疑是难得的有效的机会。

此外,教师可创造型地设计体育课程内容来发挥和强化学生们在体育教学过程中的主体地位。例如,以游戏的形式,让学生们在一周之内准备好下一节课的内容,下一节课的课堂内容为分组开设健身房,让学生们充当健身教练,以获得最多学员的健身房获胜。在此过程中,学生们会在非体育课堂时间,每人选择一个项目,并进行设计和多次排练,如何在课堂有限的时间内表演或完成不同体育项目的技术动作,以吸引学员。教师通过创新地对课堂内容进行设计,不仅能够发挥学生们的主体作用,还能让学生们能够在体育课程之外进行体育活动,让校园充满浓厚的体育氛围。

### (二)强化体育教学中对特色体育文化的建设

由于我国地域宽广,不同地区之间的人们往往具有不同的传统体育习俗和方式,不同地域的人们会形成不同的体育观念和兴趣爱好。因此,在体育教学过程中,教师除了遵循国家规定的要求,还应该根据不同区域的学生的身体特质以及习惯、兴趣爱好和体育物质文化进行特色化的精神文化建设。最为普遍的可以将地域分为发达地区的高等学校和偏远地区的高等院校，两者之间在物质条件上存在差异，但是却各有优势。如偏远地区的高校，虽然学校的物质文化不如城市地区那么先进和国际化，但是可以充分利用当地的独特的自然条件，围绕当地特有的山川、河流、森林等地形，举行各种户外的体育运动，如登山、划龙舟比赛等。而在发达地区的高校，由于拥有雄厚的经济实力和大量的体育信息，因此体育教学应该更加体现时代性和科学性。可以依靠学校具有的体育设施组织新颖的、整合性的体育文化活动，举行各类体育知识讲座。

此外，不同的学校应该根据不同的文化传统进行体育教学活动。学生的兴趣爱好和习惯多与该学校的较为优势的项目或体育文化背景有关，体育教学应该加强这些方面的培养。因为这些优势项目往往会吸引更多的学生，且加大对优势项目的投入能够将这些项目打造成学校的象征。这样不仅有利于培养学生的自豪感，还能够吸引更多的外部支持，比如政府的投资等。围绕体育文化背景进行体育教学活动的强化，突出传统体育文化的建设，弘扬地区的体育文化传统，增强学生参与到体育教学过程的积极性和投入度。

### （三）延伸体育教学为体育精神文化建设提供的平台

目前，体育竞赛、体育知识讲座、体育文化节等活动已成为高校的体育教学除了课堂授课以外的重要形式，我国许多高校已实现了体育教学形式的丰富化和手段的多样化。尽管高校体育教学在体育精神文化方面取得了长足的发展和进步，但是，高校体育教学活动仍需结合时代的脚步，不断地发展和创新。

除了传统授课的方式，定期举办的体育知识讲座和体育竞赛成为了体育教学采用的重要形式。这种形式所涉及的内容广泛，包括体育和健康、科学与体育、运动与损伤等。并且，许多高校定期聘请校外知名体育专家或有建树的运动员到学校给学生授课和讲座，激发了学生对体育的兴趣，并提高了学生的反应能力和竞争意识。除此之外，学校还应该发挥主导作用，联合社会、家庭为体育精神文化建设提供更加广阔的服务平台。如在高校的体育教学过程中，还可以创造型地借鉴中小学体育比赛的形式，举行亲子运动会和体育竞赛，邀请学生们的家长参与大学生运动会。通过大学生亲子运动会，拉近了大学生与父母的距离，大学生的父母不仅能够亲自感受来自校园的体育文化建设，还能够充当校园体育文化建设的传播者，从而提升学校的声誉和口碑。这种学校与家庭联合起来的体育教学形式成为了一个窗口，促进了高校体育精神文化的发展和弘扬。

## 三、体育制度文化建设的路径

### （一）加强体育教师与学生的互动机制建设

在体育文化的建设过程中，作为体育教学最前沿的施行者，高校教师对体育教学在体育文化建设中的重要作用的意识是发挥教师能动性的前提条件，只有当高校教师充分认识到体育文化弘扬的重要性，以及体育教学在体育文化建设中的地位，他们才能身体力行，将体育文化意识投射到体育教学的过程中，在体育课程内容和结构的设置、体育课堂与学生的互动教学以及体育课程结果评估中充分融入体育文化所需传递的精神。

正是由于体育教师在体育教学过程中主导着体育文化建设，因此学校体育教师队伍的建设对体育教学以及体育文化的建设起着决定性的作用。体育教师与其他教师一样，肩负着传播知识、培养人才和发展科学的重大任务，他们对学生的兴趣、爱好和价值观都会产生最为直接的影响。高校对体育教师的要求非常高，不仅需要安排课程、组织体育活动、配合学校的管理还需要进行科学研究和提高整个领域的发展水平。因此，学校多注重对教学过程中教师的能力要求和培养，如运动能力、教学能力、组织能力和科研能力。这些能力可以通过自学、开展教研活动和科学研究活动获得。

高校体育教师除了在能力方面影响学生的体育技能水平，还在体育意识、体育修养方面影响学生对体育活动的态度和价值观。体育教师除了在体育教学课堂上完成本职工作，还需要加强与学生的课外互动，将体育教学过程中的知识带入到生活中，帮助学生养成良好的体育习惯。

强化体育教师与学生的互动机制建设应该从体育课程设置、体育课堂互动、课外体育竞赛、体育文化生活等方面进行。在体育课程的课程目标编制以及课程实施大纲前，体育教师可在课程前期进行调研，征求学生们对于体育项目的偏好以及体育课程形式的建议，让体育课程融合学生们的新发展和新思想。在体育课程互动过程中，体育教师应该融入更多时代元素，对课程的新奇感能够让学生们更加专注于课堂内容，比如，在做体育游戏时，运用手机二维码等工具，或是现有的已开发、可利用的 APP，类似新时代但较为日常的元素的运用，能够让学生们在体育课堂之外将体育游戏运用到生活中。作为体育文化制度建设的一部分，在对体育教师的评价中，将要其是否创新性地、全方位地加强与学生的互动机制体现出来。

### (二)提升体育领导者在体育教学中的管理能力

促进体育教学过程中体育文化的建设和弘扬不仅需要具有雄厚实力的师资队伍和活泼的学生,一支运筹帷幄的管理领导队伍也是非常关键的。因为学校的体育教师大部分各司其职,而在体育教学的过程中,促进体育文化的建设,教师和学生所能发挥的主观能动性远远没有管理者的政策导向更有效。确切的说,体育教学过程中的体育文化建设需要提高体育领导者的管理和领导能力,对学校的体育文化发展具有预测能力,从宏观层面把握体育教学事业的发展动向,提前为学校的体育教学事业进行长期和短期的规划,并结合国内外先进的教学经验,在学校推广。对促进体育文化建设事业发展的优秀教师和表现突出的学生给予奖励。体育领导者在体育教学问题出现之前要做到未雨绸缪,在整个校园的体育文化建设过程中充当一个导航者的角色。

### (三)优化体育教学的组织和管理制度

在接受高等教育阶段,许多大学生仍不完全具备足够的自律能力。因此,通过制定健全科学的规章制度和条例,建立起强有力的约束机制,以此强化学生的体育意识和行为,促进锻炼风气的形成,是高校体育文化建设的另一重要方向。结合学校体育教学的相关条例来制定体育规章制度,保障学校体育工作的全面开展。只有通过制定相对完善的组织管理制度,并且与学校德育、智育相结合,体现教育的一致性和整体性,才能使学生感受到强有力的价值倡导和行为约束。具体做法有以下四点:

(1)优化体育教学的管理制度需要落到实处。比如,通过制定课堂常规考试标准和办法,确保体育课程的中心作用;制定课外锻炼、早操等管理制度,确保其他形式的体育教学活动走向经常化、制度化。

(2)加大力度进行宣传,使每个人心里都有遵循体育规章制度的意识。

(3)加强对学校体育组织机构的建设,如体育教学部、体育俱乐部的职责和权力的明确,只有将职能和责任对等起来,才能督促各机构切实履行优化组织教学的任务。

(4)学校应该给予各组织机构相应的竞争和激励措施。在各体育组织机构之间搭建竞争平台,对为优化体育教学活动、促进体育文化建设活动贡献力量的机构进行奖励。由于组织管理行为只能在行为的发生过程中起到监督的作用,而真正驱动教师和学生自发遵循和完善体育制度的是激励。

# 第三章　拓展训练视域下高校体育教学工作及其路径

## 第一节　拓展训练与高校体育教学

### 一、高校体育开展拓展训练课程教学的必要性和可行性

#### （一）必要性

人才是社会发展的持续动力，21世纪的人才素质包括完善的人格，顽强的毅力，合理的知识结构，良好的思想品德，健康的心理，积极进取的人生态度，团队合作的意识，良好的人际关系，独特的创造思维。“良好的心理素质、优秀的团队意识、吃苦耐劳的品质，以及健康的体魄在现代社会显得尤为重要。而拓展训练作为一种全新的学习方式和训练方法，有利于拓展体育课的时间和空间，增强体育课的实用性和趣味性。因此，很有必要将拓展训练引入高校体育课程。”①

传统的教育教学模式以灌输式为主，强调教师的主导地位，没有充分尊重学生的主体地位，不注重学生心理、社会适应能力等素质的全面协调发展，把知识的传授作为最终目的。虽然进行了一系列的教育改革，但是并没有从实质上改变教师为主学生为辅的教学方式。不难看出，大力实施素质教育，同时开发以实践性的素质教育实施方式势在必行。因此，学校教育必须适应社会发展对高素质人才的要求，改变传统的教育模式，设置完善的教育教学课程体系，增设学校课程体系中普遍缺少的以素质教育为重点的实践课程，拓展训练以体验式的学习方式，使学生在项目训练的实际操作过程

---

① 张剑峰，高绪秀.高校开设拓展训练课程的必要性、可行性[J].体育科研，2010，31(02):91－94.

中，其心理素质、社会适应能力、人际交往、创新能力、组织协调、管理能力等方面得到成长并显著提高。

### （二）可行性

（1）大学生追求个人全面发展的需要是开展拓展训练的重要前提。当代大学生有着强烈的求知欲，对新事物充满了好奇，对未来充满希望和幻想，对那些娱乐性强、挑战性较强的体育活动尤为偏爱。同时，当代大学生的价值观发生了根本性的转变，以富有挑战性的运动培养团队意识、提高心理健康水平、增强社会适应能力作为他们的主导要求。拓展训练项目内容不仅具有娱乐性、趣味性，还非常实用，组织形式上灵活，教学方法上多样，把趣味性与挑战性融入现代体育课中，通过设计的模拟场景和体验学习，改变了传统体育教学单一、枯燥的组织形式，使体育课更加生动、活泼。改变了传统的教师为主、学生为辅的教学模式，使学生主动参与到体育教学中，通过体验式学习，掌握保持健康的科学方法和稳定心理素质的锻炼技巧。用拓展训练的教学理念引导大学生进行科学的锻炼，促进大学生德、智、体的全面发展，这就是拓展训练的终极目标，也是大学生追求个人全面发展的需要。

（2）拓展训练自身的特点是其在高校开展的基础。拓展训练是一种全新的学习方法和训练方式，是一种体验式学习，它具有综合活动性、挑战极限、培养团体意识与个性、高峰体验和自我教育的显著特点。拓展训练是为实现特定目的而可以预先设计的活动，它内容充实，形式灵活多样，拓展训练所需的场地、器材和设施要求不高，训练项目可以根据学校的条件来设计，很多项目基本上不用器材，而且为达到一个目标可有多种设计可供选择。拓展训练具有很高的安全性，它的活动项目都要经过精心设计与实验。即使有些项目看起来很惊险，但整个过程都有严密合理的保护，学生的安全是绝对有保证的。拓展训练自身的特点和优势说明它非常适合在高校开展。

（3）拓展训练迎合了素质教育开展的要求。素质教育是依据人的全面发展和社会的需要，通过各种教育手段，全面提高人的各方面素养的教育。其基本要求有三点：①全面发展；②面向全体学生；③发展个性。它强调因势利导地开发人的智能，优化完善人的个性。拓展训练以科学育人为理念，符合学校教育的要求，其内容都是经过专业人员为学生量身定做的，并经过周密的论证和实践的检验，符合我国在校学生身心发展的特点和要求。它是以面向全体大学生，全面提高大学生的体育素养，增进大学生身心健康，以为社会育人为其根本目的，以体育实践为其主要手段，促进大学生生动、活泼、主动发展的教育过程。拓展训练不仅可以全面促进学生身心健康，还可以向学生进行有效的思想品德教育，提高学生的心理素质，在集体中发展学生的个性，提高学生的社会适应能力。拓展训练这种“先行后知”的教育方式，必将对推进素质教育、培养高素质人才等产生积极的影响。因此，拓展训练不仅可以成为素质教育的重要内容，还可以成为素质教育的重要手段和有效途径。

(4)高校体育资源能满足拓展训练的需求。师资力量和场地设施是开设拓展训练课程的必备条件。高校拥有结构合理的体育师资队伍，他们具有丰富的理论知识与实践经验。随着高等教育水平的逐步提高，教师队伍不断扩大，以适应快速变革的社会对体育教育的要求，不断提高综合素质和专业理论水平，这一优势为拓展训练课程的开设提供了人力资源保障。同时，高校具有比较完备的体育设施和相对广阔的校园空间。拓展训练项目所需场地比较简单，方式灵活多变，有利于在校园开展，一个篮球场地就可以进行训练，遇上恶劣天气可以选择在体育馆内进行。拓展训练所需的器材大致有各种锁具、模具、教学设备等，这些器材容易买到且便宜，有些可以自制。有些项目基本上不用器材，如增强团队的凝聚力、增强大家相互信任的卧式传递项目，就不需要器材，并且同一个培训目标有多个项目可选择。拓展训练所用器械与其他体育器械相比，不仅简洁，还功能强大、节省空间，加上场地设施的适应性强，便于在各种场地上快捷安装，将大大节省购买体育器材费用的开支。因此，高校体育资源的丰富性为拓展训练在高校的开展提供了物质和人力资源保障。

(5)学生家长的共鸣为高校开展拓展训练提供了动力支持。父母希望子女学业成绩优秀，更重要的通过高等教育能够适应现代社会的发展要求，做一名真正的高素质、复合型人才。当家长了解拓展训练这种体验式学习的目的后，必将予以大力的支持。这就要求学校拓展训练机构家加强宣传力度，在学生、家长与学校之间搭起拓展训练交流平台，让三者充分了解开展拓展训练的意义。同时，学校拓展训练机构也可以根据实际情况开展一些学生和家长共同参与的训练项目，让家长亲身体验拓展训练的价值，引起家长的共鸣，从而主动地支持学校开展拓展训练。

## 二、高校体育开展拓展训练课程教学的理论基础

实践过程是拓展训练的重要环节，它直接影响到拓展训练的效果，同时，理论知识在整个拓展训练过程中也具有重要的引导作用。在课程设计、项目实施中，都会运用到相关学科的知识，如体育学、心理学、管理学等方面的理论。同时，这些知识对于拓展训练本身的理论构建与研究也同样重要。

### （一）体育学理论基础

体育课教学有其规律和特点，要根据这些规律和特点制定相应的教学任务、目标、组织形式和实施方案。高校体育引入拓展训练课程，必须把两者的特点和规律进行整合分析，特别是在教学目标、运用原理、方法手段等方面进行比较分析，制定适合高校体育开展的拓展训练课程教学计划。在具体实施上，拓展训练的开展同体育课教学一样，受教学任务、内容、学生特点等因素制约，其发展变化反映社会变革发展对人才要求的不断完善。拓展训练是一种以身体活动为载体的全新教育模式，其目的是在促进学生身心全面发展的基础上，培养学生顽强的意志品质和稳定的心理素质，以提高环境适应能力，这与体育教学的目的不谋而合，也可以说拓展训练其实就是体育功能的社会体现和纵向延伸。拓展训练和体育教学采用的都是体验式教学，拓展训练借助场地设施，设计有针对性的模拟场景，通过拓展项目的实施让学生发现自我、认识自我、提升自我，同时，通过项目体验带来的不同刺激促进学生形成稳定健康的心理素质，并得到一种高峰体验，这种原理和途径与体育教学的模仿和竞赛很相似。由此可见，拓展训练与体育教学在特点、教学目的以及所运用的原理和途径上存在众多相同之处，体育学理论知识为拓展训练课程教学提供了良好的借鉴和引导。

总之，体育学理论在高校体育开展拓展训练课程教学的理论构建中具有极其重要的地位和作用。体育学是从整体上认识体育全过程的一般规律，抽象地反映出体育的主要特征，准确解释其本质的一门学科。体育学的知识体系在拓展训练课程教学中的大胆运用，使拓展训练本身显得更加充实，这也为拓展训练提供了持续发展的动力。同时，体育学也以拓展训练为学习载体，将其理论变得更加丰富、直观、有趣，使学习者有更多的机会在暗含其理论的活动中体验和感悟，在活动后巩固那些终生难忘的知识。

### （二）心理学理论基础

#### 1.拓展训练的心理学内涵

拓展训练的个人项目和团体项目通过情景设计和体验式教学，使学生在思想上发现自我、认识自我、提升自我，培养学生积极的心理素质、良好的社会适应能力，从而使学生面临困难和挑战时用积极的人生态度挖掘自身的潜力去寻求解决问题的方法，进而获得成功。这种学习形式符合韦纳的归因理论，即把成功与失败归结为何种因素，对情感认知和工作学习有着重要的影响。拓展训练所依据的心理学原理还有迁移理论和认知理论。分享回顾是拓展训练的环节，学生能挖掘到拓展项目与自身学习生活间的相通之处，并通过分享回顾相互交流和吸收彼此的成功体验，这就大大拓宽了经验有效迁移的范围。拓展训练是一种体验式学习模式，其学习流程是体验、感受、分享、总结、应用，它改变了传统教学中以教师为主、学生为辅的教学模式，教学内容都由学生亲自去体验，充分尊重学生的主体地位和积极性，教师在实施过程中做必要的讲解和引导，让学生在体验学习的过程中形成认知结构，通过顿悟和理解获得心理体验，这符合心理学的认知理论。

#### 2.拓展训练的心理学意义

从拓展训练教学过程来看，它能对学生的身心产生较为全面的符合教存功能。在实现拓展训练目标的过程中，通过知识、技能的学习，促进了学生心理的健康发展，并且，通过拓展教师的引导示范、场地设施的布置等非语言行为，可以潜移默化地培养学生良好的兴趣、稳定的情绪和坚强的意志品质，促进学生非智力因素的发展。由于拓展训练的特殊性，与学生直接接触，且距离近、交流时间长，加上拓展教师的关心、鼓励、信任、赞赏，将大大增强学生的沟通、交际能力，加快学生的社会化进程。

可以说，心理学是拓展训练对个体发展影响研究的基础。拓展训练的项目本身是对大学生学习知识和完善自我的一个载体，因此不仅要注重大学生参与拓展训练时的心理感受，同时还要关注其真实的心理反应。高校体育拓展训练是符合现代人和现代组织的一种全新的体验式学习，其所依据的理论是：归因理论、迁移理论和学习认知理论，它成功地吸取了其中可以运用的部分，并在实践中进行了发展，而不是一味地沿袭守旧。

### (三)教育学理论基础

#### 1.教育学是拓展训练教育价值观的依据

在某些具体的问题上,拓展训练作为一种突破传统教育思想和模式要求的全新学习与教育方式,受到了人们的广泛关注与肯定,但它本身仍然符合一些传统教育的规律。教育学的观点认为个体的主观能动性是其身心发展的动力,从个体发展的各种可能变为现实这一意义上来讲,个体的活动是个体发展的决定性因素。拓展训练设计的场景与环境,是将生活中的许多可能遇到又可能发生的问题在时间与空间上进行合理的控制,给学生一个新奇、有趣、觉得有能力完成,但又需付出努力的过程,而且这种努力需要合理的个体与团队行动方式才可完成,这就引起了学生心理上的需求,促成了学生心理的矛盾运动,成为学生心理发展的动力,推动学生的心理发展。这种状态能最大限度地调动学生的主观能动性,使学生朝着积极的方向努力,求得解决问题的办法,从而达到发展的目的。

#### 2.拓展训练能够在学习中实现多方面的互动性

拓展训练的许多项目是在拓展教师与学生的共同交流与互动中进行的,由于情景的设置,这种互动包括学生与当时情景的互动、学生内心矛盾产生、斗争、决断的心理互动、学生与器械的互动、学生与学生的互动、学生与拓展教师的互动。同时,拓展训练能够通过学生在项目中的表现,通过相互观察和自我观察,反思自己存在的问题。这种“行动—观察—反思”的学习模式,能够使自己得到一个“螺旋式”的提高,更有助于学习动力的保持,也有助于自我的检查与提高。在拓展训练的这种“互动式”学习中,“互动”不仅有外显的互动,如师生、学生之间的互动,更多的是内隐的互动,如学生自我的心理互动、与情景的互动。

教育学是以教育事实为根据、以规律为对象,以规范、控制和改变对象为任务。教育学的功能表现为教育理论对人的思想品德教育方面的作用,特别是要充分地考虑教育现象的特殊性。高校体育开展拓展训练的过程中,其内容含有丰富的教育因素,在向大学生提供系统的科学理论时,以一定的思想观点给其以影响。教育学的教育性是独特的,而这正符合当代大学生的特点,这种独特性通过教疗理论为中介,帮助大学生确立正确的教育观念和道德观念,这一过程是学习和掌握教育理论的过程,也就是大学生学会辩证、科学地思考过程,是辩证思维积极活动和得到锻炼的过程。通过学习,掌握了教育的概念体系,也就促进了教育理论思维的发展,从而能用“教育的眼光”看待高校体育开展拓展训练课程教学的理论和实践。

### (四)管理学理论基础

1. 管理学是拓展训练内涵的重要体现

管理是人类各种活动中最重要的活动之一。自从人们开始组成群体到实现个人无法达到的目标以来,管理组织工作就成为协调个体努力必不可少的因素。在拓展训练课程里,会有管理的层级问题、管理者的角色问题;比如,“孤岛求生”就将“盲人岛”的角色和任务定义为基层管理者,“哑人岛”的角色和任务定义为中层管理者,“珍珠岛”的角色和任务定义为高级管理者。同样,不同层次的学生在完成项目时会有不同的工作重点,各自也将担负不同职责,高级管理者负责全局的发展与制定长期决策,中层管理者负责执行与实施决策,同时需要起到桥梁和纽带的作用,做好上传下达、上接下连的工作,基层人员需要积极主动、努力而有效地完成具体的工作。由此可见,拓展训练的实施与开展,一刻也离不开严格的组织管理,是管理学原理的最好体现。

2. 管理理论贯穿于拓展训练的全过程

关于管理环境,关于计划的制定,关于组织、领导、控制等理论在拓展训练中时时被提起,环环都运用。在管理学中“沟通”是其中的一个重要章节,在拓展训练中,沟通是许多项目中都需要的,此外还专门有针对沟通设计的项目,从而使学生了解沟通对完成任务的重要性。

总之,在拓展训练课程教学中,管理理论知识能帮助大学生抓住问题实质,认识事物发展方向,使大学生逐步形成比较科学的管理风格。管理学以一般组织的管理为研究对象,探讨和研究管理的基本概念、原理、理论和方法。在管理和领导理论引导下,大学生可以根据自己的兴趣、气质、性格、职业期望和倾向等,采取科学、系统、有效的方法和步骤完成拓展训练目标。从本质上讲,管理学的理论和原理在拓展训练课程教学中的运用,不仅使大学生理解了许多重要的管理学概念、方法和理论,领会到了管理学的思想和核心,也提高了学生的综合素质,提高了学生的系统分析能力、决策能力和组织协调能力,增强了学生的创新精神、合作精神等,对于当代大学生走向社会有较大的帮助,这正是拓展训练课程在高校体育开展的目的之所在。

### （五）生物学理论基础

1.人体机能适应性规律

从生物学角度看，适应一词系指使有机体在他们特定生活环境条件下获得生存下去的解剖、生理和行为的特质。适应性原来的基本含义则是：生物必须生存在与之相适合的一定的环境中，当环境发生变化而影响生物的生存，生物则将在形态机能上和行为方式上做出调整，以顺应变化了的环境。现代社会的变化尤为剧烈和复杂，组织和个体的适应能力及应变能力将决定其生存和发展。在拓展训练项目安排中选择了“对答如流”“雨点变奏曲”“快指”等项目，对学生进行有针对性的训练，并提醒学生注意改变不良的习惯和惰性，锻炼学生根据事物的发展变化、随时随地审时度势并及时做出机智果断应变的能力。

2.人体生理活动变化规律

人的生理活动是人的其他活动的前提，人的生理活动的正常进行，是人的生命存在和社会存在的标志。只要有人的正常的生理活动的存在，人的精神活动、人对世界包括对自身的一系列活动才有可能正常地进行和发展。拓展训练是使人在个体生长发育的可塑性范围内与发展的可能性中，通过积极的、有意识的情境设计，实现个体协调、合理的发展。同时，人体生理活动变化规律作为拓展训练的生物学原则，不仅限定了拓展训练的基本活动方式必然是身体活动；也规定了“身体力行”地进行自我体育实践是体育运动的内在要求；并且决定了为有效地对个体不同部分、不同属性、不同层次产生积极的运动效应，应形成和构建丰富多彩的拓展训练形式和运动方法。

### （六）社会学理论基础

1.拓展训练与人的社会化

人的社会化是指生活在社会中的个人，在从生物人到社会人的成长和发展过程中，接受社会文化和规范，使自己逐步适应社会生活，取得社会成员的资格并形成独特自我发展和完善的过程。人的社会化是一个复杂的教化过程，一个社会成员或群体是否实现社会化，不仅关系到他们自身的生存与发展、同时也关系到社会的稳定与进步。因此，人的社会化程度，在一定意义上说，是反映社会发展、文明与进步的标志。拓展训练是一种走向社会、融入大自然的健身运动，参加拓展训练的人群以健身为媒介，可以直接交流沟通，提高人的社交与处事能力，以及搜集信息的能力。

人的社会化对个体、社会都有着重要而深远的意义。通过拓展训练活动实现人的社会化是一种生活化的自然演进过程。社会化的最终标志是使个体适应社会的制度规范和道德规范，把这种规范化为拓展训练活动过程中的各种生活化的自然演进的因素，促进人的社会化，提高人的社会职能。

2. 拓展训练与社会角色

社会角色是有着特定的权利、义务和行为规范的人。对个体来讲，角色决定了被他人所预期的行为，并且，它还是自我感觉的主要来源；角色使个体拥有某些经历，而这些经历将有可能影响到其后的态度、情感和行为。人总是以不同的角色来适应社会，按照社会对不同的角色要求来支配自己的行为。自主性的拓展训练是进行角色扮演与表现自我的最愉快的场所。因为拓展训练能够在轻松愉快的环境中，满足社会生活中的个体要求，为他们提供尝试社会角色的各种机会。在拓展训练中，通过扮演不同的社会角色，有助于人们感受社会生活，了解社会对不同角色的期待，理解角色的多样性和稳定性，锻炼他们扮演角色的技能，培养角色的心理习惯和社会角色感，有助于其现实生活的角色扮演。

### （七）经济学理论基础

1. 拓展训练与经济发展

经济是拓展训练行业发展的基础，经济发展水平从根本上制约着这一行业的发展水平。因此，全面建成小康社会而带来的经济发展会给拓展训练行业创造更多的发展机遇，这是不言而喻的。但这仅仅是问题的一个方面，在一定的条件下，影响往往是相互的。拓展训练行业的发展，也能对社会经济发展的各个方面发挥良好的促进作用。从一定意义上讲，参与拓展训练是一种休闲消费，要促进消费就要发展相应的消费产业。而拓展训练将以其特有而又鲜明的时代特性使休闲娱乐与休闲健身有机地结合为一体，促进人们的健康消费。它必将成为社会发展的新的经济增长点。

2. 拓展训练的经济学意义

拓展训练的方式是多种多样的，拓展训练所需要的产品和服务也是多种多样的。为满足拓展训练的多种需要，就提出了一个发展规模庞大、种类繁多的拓展训练产业的要求。而且，随着社会经济的发展、休闲需要的增多，拓展训练产业的规模将越来越大。这个新的经济增长点，最终必将成为整个社会经济的重要支柱产业。总之，拓展训练能够促进消费、盘活经济、繁荣市场，同时，拓展训练的兴起又建立在一定的经济基础之上。也就是说，经济为拓展训练服务，拓展训练又促进经济发展，这种辩证关系，正是拓展训练的经济学意义之所在。

### （八）美学理论基础

#### 1. 拓展训练的美学内涵

美学是以对美的本质及其意义的研究为主题的学科。美是人的社会实践的产物，是人的本质的对象化，是真与善的内容同和谐的形式相统一的、丰富独特的、能引起人的愉悦心情的生活形象。拓展训练作为一种全新的体验式学习方式，它通过人体各器官、各组织有机的运动，规范协调的身体动作，创造了平衡、对称、协调等运动美的形式。根据拓展训练项目的不同，人体各运动器官及整个形体的各种不同变化和一系列步行变换都属于动态性的造型，给人以生动、活跃、振奋、激动的情感体验。处于运动状态的形体或部位，瞬间静止不动的态势，这些都为审美提供自由的主体、自由的时间和空间，使主体有时间欣赏审美对象。

#### 2. 拓展训练的美学意义

拓展训练作为一种特有的社会文化现象，在某种意义上说，它正是希望通过自己的努力形成积极的人生态度，促进人格的完善与心理的健康，重新恢复并不断创造着人性的完整性。参加拓展训练活动，欣赏运动之美，大学生可以从中吸取丰富的精神营养，感受到坚定刚毅、顽强拼搏、积极进取、勇往直前、不畏艰难、勇于挑战、团结协作等品德之美，从而引起心灵的震撼和共鸣，受到感情的熏陶，实现自我的升华。同时，拓展训练也并不是单纯的社会现象，更是一个意蕴深厚的文化范畴和美学命题。可以说，拓展训练，是美的载体、美的传播媒介；而美，又是拓展训练通向未来的航标。未来的拓展训练，是构成科学、文明、健康、美好生活的重要组成部分。从美学角度研究拓展训练，是为了在拓展训练中创造更多、更新的美。人的发展没有止境，社会生活的发展没有止境，人的审美需求没有止境，拓展训练所体现的运动之美，也就具有永恒的魅力。因此，研究拓展训练的美学意义，是拓展训练发展的需要，是人类文明发展到一个新阶段的象征。从美学的角度认识拓展训练，是鸟瞰拓展训练、丰富拓展训练理论的新方式。美学能帮助大学生认识拓展训练，更好地理解、判断和洞察其实质，使之日臻完善和丰富。

## 三、拓展训练对高校体育教学的影响

“拓展训练进入体育课堂将是对高校传统体育教学的改革和创新，是拓展训练融入大学的最佳切入点，它不仅丰富了体育课的内容，增强了体育课的实用性趣味性。体育教师在体育教学中若能成功地运用生动有趣的拓展训练，将会使学生兴趣高涨，积极性倍增，教学效果得到提升，有效提高教学质量。”[①]

(1)丰富大学生的体育知识。拓展训练作为一种综合性的运动项目，起源于军事技能训练，经过对其改造与模仿，主要以体验式的教育和学习为主而衍生的体育产品，重在塑造参与者的理论知识和心理素质。在拓展训练运动中，体育知识包括以下三个方面：

1)对拓展训练项目的理解。拓展训练项目包括个人项目和团体项目，对规则的理解是参与者的首要任务，达到共识才能够顺利完成该项目，体会到运动的快乐。如定向运动项目，需要参与者能够学会看地图，按照地图的标记寻找到目标，并且利用最短的时间才能够取得胜利。

2)提高学生的团队组织知识。团队项目中避免不了需要一位组织者，有效的组织和安排能够增加团队的凝聚力。

3)激发学生对体育发展的关注。体育知识包括许多方面，如体育赛事、体育娱乐等。

(2)提高大学生的技能水平。体育技能是人们从事运动所表现出来的专业技术水平，随着学校体育项目的不断发展，引入的教学内容也逐渐丰富，学生的体育技能也逐步增强。拓展训练所包含的项目众多，运动形式多样，主要以趣味性和创新性为主要特点，激发学生的运动兴趣，发展学生的体育技能。如登山、逃生墙等项目都可以相应地提高学生的专业技术水平。提高大学生技能水平的具体做法有以下两点：

1)设置情景引导。在运动开始之前，设置相应的背景或剧情，让学生投入其中，使原本枯燥无味的体育运动变得更加生动，进而发展学生的身体素质。

2)提高技术水准。无论是团体性项目还是个人项目，完成之前都需要一定的技能基础。如逃生墙，需要学生足够的臂力和攀爬能力才能够完成。

---

① 万宏伟，王腊姣．高校体育课中开展拓展训练的实践研究[J]．武汉体育学院学报，2014，48(04)：93－96．

所以拓展训练的开展，可以提高大学生的体育技能水平。

（3）规范大学生的体育行为。体育行为是较为宽泛的概念，可以说是学生参与体育相关的行为活动都可以称为体育行为。随着我国居民生活水平的不断改善，体育行为也逐渐多元化，不再局限于体育运动。从购买参与体育运动的服装和器材，到关注当前体育赛事的发展状况，再到学生每周参与体育运动的次数等，都无疑发生了巨大的改变。拓展运动也成为了当前学生参与的热门项目，其趣味性和创新性使学生的体育行为更加丰富，尤其是新媒体的介入，扩大了学生体育行为的范围。在参与拓展运动的同时，一方面学生之间的交流可以丰富自己的体育知识，了解不同的体育信息，另一方面，可以促进人际关系的发展，提高学生的运动动机，为培养终身体育提供良好的平台和基础。

（4）健全大学生的身体素质。大学生的体质问题一直是学校体育较为关注的话题，尤其是近年来我国对当前大学生体质水平的调查结果，显示出学生的体能、速度、耐力、爆发力等指标不容乐观，值得相关研究进行深思。拓展训练教学模式的多元化，成为大学生愿意参与的主要因素。传统项目的教学模式较为单一，内容比较固定，一定程度上降低了学生参与的兴趣。而拓展训练项目的综合性，可以更好地体现出兴趣教学的特点，使学生得到全面的锻炼。如定向运动，在特定的地点设置目标，在一定时间内让学生快速完成任务，在此期间，学生需要徒步到达目的地，达到一定的有氧运动效果，进而提高大学生的身体素质。不仅如此，在“急速 60 秒”项目中，学生需要快速跑步进行接力，参与无氧运动。娱乐可以充分激发学生的运动兴趣，使其主动参与进来，使学生的身体素质得到全面发展。

（5）增强大学生的体育意识。意识是引导行为的内在表现，是一种心理状态。拓展训练中掺杂了许多具有挑战性、创新性、趣味性等特点的内容，是一种培养学生心理素质、身体素质等综合素质的项目，利用各种道具或场景使人们克服种种困难，旨在磨炼参与者的毅力和意志，充分激发其勇气和智慧。在当今快速发展的社会中，众多消极意识层出不穷，阻碍了人们持续性锻炼的行为。重视体育意识的培养，形成终身体育的习惯，也是目前高校教育的重中之重。拓展训练能够培养学生的体育意识，满足大学生的体育需求，达到身心健康的标准。只有具备良好的体育价值观，才能培养乐观向上的心态，才能完成各个科目的学习。因此，体育价值观的塑造不仅关系到高等教育的人才培养，还关系到国家未来道德的发展趋势。

## 第二节 高校体育教学工作中开展拓展训练的特点与模式

### 一、高校体育开展拓展训练的特点

传统体育教学过程以教师为主、学生为辅，重视对学生进行知识的传授，并把传统知识技能当作教学的最终目的，这种教学模式不利于学生创造性思维的发展，不利于培养学生稳定的心理素质和良好的社会应变能力。拓展训练与传统体育教学最大的区别在于拓展训练以学生为中心，强调学生的“学”，淡化教师的“教”。在拓展训练中“学”是为达到教学目标而有针对性为学生设计的活动内容，而教师的“教”是指在通过模拟情景、场地设施、训练项目等为学生创造学习的外部环境，教师只是给予及时的启发、引导。这种体验式的教学模式进入大学体育课将有利于加快传统体育课教育观和模式的改变。

传统教学体系中的交流、沟通的方式是在教师和学生间的单向沟通，而拓展训练中的沟通则是多向的。在教师与学生的多向交流过程中，学生与教师之间、学生与学生之间相互交换感受，最终达成一致意见来完成任务。

拓展训练是一种体验式学习模式，与传统的教学有很大不同。传统教学以教师为中心，注重知识、技能的传授，教学内容单调，组织形式单一，重视成绩评价，忽略学生的个性发展。而拓展训练的体验式学习侧重个性发展，注重体验，注重实践与理论结合，而且拓展训练内容丰富多样，寓意深刻，注重实效性，以体验引导作为教育手段，通过拓展训练，让学生感受领悟到稳定的心理素质、良好的社会应变能力、优秀的团队意识对获得成功的重要性，使其牢牢地刻在学生的意识中，并且通过分享回顾、引导总结使学生在拓展训练中获得的体验能够在今后的学习和工作中发挥持续效用。

### 二、高校体育开展拓展训练的教学模式

#### （一）教学模式的指导思想

高校体育开展拓展训练的教学模式要坚持以学生为主体、教师为主导，在教学过程中充分发挥学生的主体地位，关注个体差异，遵循学生的身心发

展规律和教学规律，通过体验学习激发学生潜能，以提高大学生的心理健康和社会适应能力以及团队意识、创新能力为总体指导思想，同时重视拓展训练内容的文化含量，把拓展训练与素质教育有机结合起来，实现素质教育对培养全面发展的创新人才的需要。

### （二）教学模式的目标

拓展训练以小队为单位活动，通过一系列活动项目的开展，不但能够激发个体的潜能，提高个体的心理素质，培养良好的创新能力，提高个体的管理能力和社会应变能力，而且能够增强团队的凝聚力和创造力。

1. 团队建设

（1）领悟有效团队合作的关键因素。

（2）增强团队意识和创造力，相互信任、尊重。

（3）发扬民主，集体决策。

（4）各司其职，相互鼓励，互相配合，以实现共同目标。

（5）掌握团队创新和克服团队沟通障碍的技巧，充分认识团队创新的重要意义。

（6）服从大局，提倡勇于奉献的精神。

（7）营造和谐氛围，提高团队管理能力。

（8）以集体为荣，增强集体荣辱感。

2. 管理才能

（1）明确管理才能的内涵及影响因素。

（2）探索不同的领导风格和技巧。

（3）感悟管理中的计划、组织、控制、领导、协调的重要性。

（4）运用创造思维，探索不同的决策方式。

（5）增强管理意识，提高分析问题、解决问题的能力。

3. 个人发展

（1）发现自我、认识自我、提升自我。

（2）独立协作、相互尊重和信赖。

（3）重新审视自我，发掘个人潜力。

（4）增强个体责任感、培养集体意识。

（5）培养稳定的心理素质，增强面对挫折和挑战时的信心。

（6）理解拓展训练目的，明确个体的目标和价值。

(7)体验自己的心理极限,磨炼战胜困难的毅力和决心。

(8)学以致用,将拓展训练高峰体验应用到日常的学习工作中。

### (三)教学模式的设计原则

(1)以人为本原则。拓展训练属于体验式学习方式,根据大学生知识背景、专业等方面的不同,设计特定的场景和训练项目,让学生通过活动发现自我,重新认识自己的潜能,将拓展训练效果渗透到学生的行为体验中。从学生在面临挑战时的本能表现和现有的思维方式与行为方式着手,通过具有针对性的课程设计和指导,完成最深刻的观念转变和形成更好的行动方案,最终形成优秀的品质。这一过程都要体现以人为本,即以学生为中心,以学生的"学"为主导,着力体现学生的主体性,这样不但保证了学生在拓展训练中的自主地位,而且能够保证学生的个性特征在拓展训练过程中得到尊重和张扬。

(2)安全性和惊险性原则。由于拓展训练特殊的培训过程,在训练活动中没有绝对的安全,偶尔有一些风险事件发生,至少风险一直在我们身边,如空中断桥、天梯、攀岩、求生墙等项目的确存在危险性,在进行这些风险相对较大的项目时,在安全方面必须做好充分的保障工作,拓展教师一定要做好安全方面的宣传教育。尽管风险存在,但因其独特的魅力,它却吸引越来越多的学生参与其中,因为风险的存在吸引正是人们,特别是年轻人参与拓展训练的魅力之一。从社会学的角度来看,在有惊无险的活动中追求安全成为越来越有价值的目标,在安全的边缘挑战是参与拓展训练的一个方面,只有努力地将风险化解为安全,才能体会重归安全的美妙和成功的快乐。

(3)开放性和普遍性原则。大学生拓展训练旨在培养学生稳定的心理素质和良好的社会应变能力,帮助大学生树立正确的人生目标、敢于挑战自我极限、具有克服挫折的毅力和信心,培养优秀的创造思维和积极的人生态度,增强团队合作意识。大学生素质拓展训练又是一项系统工程,它是在各级组织的总体安排下的团体性学习教育活动。因此,不受专业、年级和学校的局限,适合各种接受学校教育的本、专科和研究生,可以开放设计,鼓励学生积极参与,鼓励不同专业背景、不同年龄层次的学生相互交流借鉴,提倡文化融合和资源共享,以实现激发个体潜能、认识自我、提升自我和积极进取的人生奋斗目标。

(4)创造性和实践性原则。拓展训练为学生展示自我、发挥创造精神提供了最好的机会和场所。坚持创造性原则就是让学生积极主动参与到拓展训练中，自己制定活动计划、安排活动内容，在活动过程中运用发散思维，积极探索拓展训练的组织、控制、协调、领导、创新等管理机制，发挥创造性的想象和思维，从而大大提高大学生的创造能力。拓展训练有利于手脑并用结合，达到立竿见影的目的。在拓展训练的过程中，将参训大学生根据自己的知识背景、能力，将理论的知识应用于实践，即从实践的角度，确定拓展训练的内容、方法、项目和时间安排等。

(5)最大性和最小性原则。拓展训练的各种活动项目看起来只是游戏，但都有一定的难度，这个难度不仅仅体现在体能素质要求上，还主要表现在心理素质上。有些项目表面看似乎高不可攀，难以逾越。如“高空断桥”，这是以个人挑战为主的项目，属于高空类高心理冲击的惊险项目，整个过程需要独立完成。因此，需要学生向自己的能力限度挑战，跨越“极限”。最终，在坚持心理挑战最大、体能和冒险最小的基础上，通过努力，最终克服心理障碍，战胜自我，完成活动，从而达到心理训练的目的。

(6)传统与创新相结合原则。拓展训练经过不断的发展，已经形成了一套完整的理论体系和训练模式。高校体育开展拓展训练的课程设计，在内容选择、教学目标、实施组织等方面，要在借鉴传统拓展训练模式的基础上进行创新，结合高校实际，进一步总结已有的富有实效和生命力的拓展训练内容和形式，同时要根据新形势下对人才素质和学校育人工作的新要求，并与素质教育有机结合起来，以适应学校教育教学改革的新变化，创造新的生长点。

### (四)教学模式的基本内容

将拓展训练引入高校体育课既符合现代课程改革的发展趋势，充实了高校体育教学的内容和组织形式，集实效性和趣味性于一体，同时又可以丰富和完善我国高校素质教育教学的课程体系。但是将拓展训练引入高校体育课并不是一味模仿沿袭传统拓展训练的模式，更不是简单的复制过程。在依据拓展训练特点、组织形式的基础上，结合高校师资配备、场地设施、财力物力资源等实际情况，内容安排可分为理论课、实践课两个部分和理论课讲授、基本素质训练、综合素质训练三个阶段。

理论课包括拓展训练与体育基本知识、拓展训练的起源、功能、核心价值和目的意义等知识，与提高拓展训练有关运动科学的知识，与开展拓展训练有关的安全教育、运动损伤保健等知识。

实践课包括基本素质训练和综合素质训练。基本素质训练主要是提高学生的心理素质和社会适应能力，激发学生潜能，提高团队领导能力。综合素质训练主要增强学生的团队意识，培养学生的人际交往能力以及提高应变能力和创新意识，培养学生的管理、计划、组织、协调、决策能力。

根据拓展训练项目本身所体现的特点，在理论课讲授阶段，可以选择一些个人和便于室内开展的团体项目让学生感受拓展训练的魅力，以提高学生拓展训练后期学习的参与积极性，如破冰课程中的“面对面介绍”“大树与松鼠”等项目。

在基本素质训练阶段，选择一些沟通类的团体协作项目可以改善运动技术学习和体能训练的单调氛围，提高学生的兴趣，如团队建设课的“无轨电车”“信任背摔”“电网逃生”，创新能力建设课程的“盲人方阵”“排列组合”等项目；建立团队激励课程的“发糖豆”等项目。

在综合素质训练阶段，教师应该以场地拓展训练项目为主，可以结合室内和野外环境，有针对性地设计一些模拟情景的实战项目，如“高空断桥”“高空单杠”“独木桥”“天梯”“求生墙”等项目，以便于在学校拓展训练基地开展，有条件的学校也可以进行水上项目练习，如“扎筏”“抽板过河”等。

通过拓展训练实际项目教学，巩固和提高拓展训练的效果；采用模拟情景的方法，全面提高学生的身心素质，达到学习拓展训练的目的。同时在项目选择和设计中，要结合高校的实际条件，对不同学科专业的学生进行专业环境和综合素质差异分析，充分考虑专业的互补性与结合性，以达到对不同专业学生的培训效果。

### （五）教学模式的运用方法

要使学校拓展训练的课程模式严谨科学，具有可操作性，使活动取得预期的效果，就应在拓展训练项目开始之前，预先做好准备工作。

教师应先了解参训学生的具体情况，包括学生的身体素质、专业系别等，可以通过召集不同类型的学生开座谈会的方式进行，其后根据学生的具体情况制定有针对性的课程训练计划，安排具体培训项目。在具体的实施过程中，拓展教师在确保安全的情况下，尽量做到学生害怕什么项目，就让学生做什么项目。让学生亲自体验拓展训练项目，自己去尝试自认为根本不可能做到的事情，这对学生本身来说是一个前所未有的挑战。它所产生的心理体验是巨大的，也是潜移默化的，它有助于学生良好心理素质的培养和自信心的建立与强化。因此，拓展训练只有在此基础上开展和实施，才能达到预期的目的和效果。

拓展训练课程由多个针对不同训练目的的项目组成，这些项目根据不同的训练目标进行整合排列，将不同类型的项目合理穿插进行，在进行科学排列时，尽量做到循序渐进，因材施教，因人而异，因势利导。学校拓展训练的课程模式一般由五个环节组成：体验—感受—分享—总结—应用，这五个环节相互独立又相互联系。

（1）体验。体验学习是大学生最基本的一种学习方式。体验学习过程一般是指个体在亲身经历过程中，通过反复观察、感受、实践、探究，对认知、情感、行为和意识的自省体察，心灵感悟，最终认识某些可以言说或者未必能够言说（意会）的事物，掌握知识和技能，发展能力，养成某些行为习惯，形成某些观念、情感、态度乃至心理品格的过程。体验，是拓展训练进行的第一步。任何一个拓展训练训练项目的开始都是学生在拓展教师的指导下去亲自经历模拟场景，让学生亲自参与训练过程，去完成一项训练目的，从而获得拓展训练的原始体验，这种原始体验是整个过程的基础，是学生激发自身潜能发现自我的开始。

（2）感受。感受是由客观外界事物的影响而产生的一种心理活动。在感受这种复杂的心理活动过程中，既可以包含特定的情感体验因素，也可以包含一定的认识和理解因素。感受以感觉为基础，感受的结果以知觉的形式体现出来。在拓展训练中，学生通过置身其中，得到最真实、最直接的感受。这种感受不仅是全方位的，还是发自学生内心的，因此，具有很强的生动性，可以使学生印象深刻。在这个过程中，学生将自发地回想获得这种感受的全过程，并在头脑中对这一过程进行加工分析，从而使这种感受得到强化，开始产生自己的观点。这个环节是极其重要的，也是学生重新认识自我的过程。

（3）分享。学生亲身经历拓展训练后，一定会有自己的感受和见解，这种感受和见解因人而异。如何将这些不同的感受和见解整合起来，供大家相互交流借鉴，是拓展训练分享回顾环节的重要任务。拓展教师在这一环节要进行适当的引导和鼓励，灵活运用提问等技巧，让学生以开放的态度来面对拓展训练带来的全新感受，以多元视角思考挑战时所面临的压力，从而深刻认知自身存在的潜能。同时，每个人都把自己的感受进行即时的分享，每个人就会得到不同于自己的见解和经验，这不仅是学生本人的收获，也是拓展训练的魅力所在。

（4）总结。经过分享回顾，大家的观点趋于成熟时，拓展教师将根据大家最终讨论的结果，进行快速的整合归纳，并结合拓展项目的特点和理论知识，进行最后系统的引导和总结，引导学生加强对拓展训练成果的认知，帮助学生将感性认识上升到理性认识，对亲身体验中获得的成果进行完善，作为实现由发现自我、认识自我到提升自我的最终目标。

(5)应用。拓展训练的效果并没有随着拓展项目的完成而结束，重要的是将拓展训练中的所感所悟在生活情境中得以运用，达到学习的目的，这一过程是在训练之后，由学生在今后的学习、生活和工作中独立完成的。实践是认识的来源和基础，也是认识的目的和动力。学生在拓展训练中获得的认识又对实践具有能动的指导作用。

### (六)教学模式的实施步骤

我国高校拓展训练课程的开设，使拓展训练得到蓬勃的发展，学校的开设以场地训练项目为主，这些项目的使用根据不同的训练目标进行科学的排列，将不同类别、不同训练目的的项目穿插使用，在安排项目顺序时做到循序渐进，因势利导，因人使训，因材施教。

一般来说，我国高校体育开展拓展训练的课程实施可以从以下方面入手：

#### 1.前期分析

前期分析是对大学生群体的身体素质、学生特征、专业背景与训练目标等进行细致的分析，并以此为依据进行拓展训练课程的具体安排。不同专业、不同环境、不同性格的大学生群体有不同的特征。不同性别、不同背景、不同年龄层次的学生在拓展训练过程中也会有不同的表现。因此，课程设计的合理性以及后面的一些系列环节，能否取得预期效果和对参训大学生的前期分析有着密切联系。

首先，拓展教师要根据现场的访谈或座谈会的方式了解学生的性别、年龄、兴趣、爱好、组合结构等，必要时了解他们的成长背景，这有利于其后的拓展活动中教师与学生间的进一步沟通和融合。

其次，拓展教师要了解沉迷生的专业及专业发展对他们基本素质的要求，从而进行有针对性的策划和制定拓展训练的目标与实训的项目。

最后，拓展教师要将获得的资料进行细致而专业的分析和整合，根据参训学生的实际情况和要求，制定系统的、有针对性的科学的训练计划。这是拓展训练能够达到的预期目的，从而实现对拓展成果的优化。

#### 2.课程设置

课程设置是在依据参训大学生群体的特征与需求进行调查分析的基础

上，制定出尽可能满足学生需求与最能表现训练效果的课程。这是整个课程实施中最重要的一个环节。课程设置要以整个团队的学习和个人发展目标为宗旨，课程项目要有针对性和科学性；在学生人数较多时，可以根据需要分成几个小队，此时拓展教师要让所有小队学生了解此次培训目的；安排活动项目时要有相同的要求，要设计好项目与场地的轮换顺序；设计课程时必须了解拓展教师对于课程顺序的偏好与调节能力，为了达到好的效果，拓展教师可以留有一些备用项目，但整个课程的训练必须要有异曲同工之妙，以达到殊途同归之目的。

首先，针对需要几个小组同时训练的情况来说，开始的分组也是至关重要的，如何分组也应进行前期沟通，或是在学校班级集合报到前做好准备，建议不要总是让学生自己选择伙伴、组建团队，这会导致他们总是和自己熟悉的人在一起，要充分发挥组织技巧，尽量鼓励整体的融合，而不仅仅是小团体成员之间的亲密合作。

其次，在设置课程项目时要遵守三个原则：①因人而异原则。高校拓展训练机构要根据训练学生的特点，包括他们的心理特征、社会活动经验、个人能力等，因人而异地编排不同的个人挑战课程和团队协作课程。②个人发展项目与团队建设项目结合原则。拓展训练的培训项目应是对每个人团队合作意识和个人心理素质及社会应变能力的考验，项目设计中必须考虑这两个方面的内容。③以人为本原则。不同学科专业的学生因知识背景的差异，无形中形成彼此各方面素质的差异。拓展训练中的基本项目适合于不同学科的学生，但综合能力训练项目的针对性较强，主要培养心理素质、社会适应、领导、创新、组织等管理能力，这些能力因学生学科专业不同可能会缺乏这方面的锻炼，因此项目设计中应对不同学科专业的学生进行专业环境分析，充分考虑学生专业的互补性与结合性，力求通过拓展训练达到对不同学科专业学生能力的补充及加深。

再次，在拓展训练过程中，具体内容的设置比较理想的顺序是从“破冰类”项目开始，先介绍拓展训练的背景知识，如拓展训练的起源发展、功能意义与学习目的等，然后安排破冰类课程的项目，让学生感受体验式学习与传统体育教学方式的不同，如“面对面介绍”“国王与天使”等项目，这种让小组成员尽快熟悉起来的项目是“破冰课”的重要内容。有了破冰类课程项目做铺垫，之后可以安排一些团队建设目标和建立沟通的项目，如“无轨电车”“求生墙”“信任背摔”等项目。如果是分组进行，则在做完破冰活动后，各组开始自己的项目，各项循环进行，因此，项目的设置还要充分考虑各组完成任务与回顾的时间，拓展教师要有明确的要求，以确保交换项目是在换项队伍之间都完成的情况下进行的。

最后，设计项目要集娱乐性、趣味性和实效性于一体，这能帮助拓展教师更好地组织协调与实施项目训练，也有利于建设和谐、活跃的团队氛围，但是在整个训练过程中，甚至拓展训练活动结束后，如何让学生在拓展训练活动中将所获得的体验与实际学习和生活结合起来，这也是至关重要的，因此，在课程设计之初就必须注重拓展训练的实效性与趣味性、娱乐性之间的结合。

3. 场景布置

场地设施的布置合理与否直接影响着拓展训练的进度和效果。拓展训练中的场景布置是按照训练项目的内容特点，合理利用活动空间和环境，准确、合理、科学地布置所需器材，使其具有项目要表达的真实性。

布置课程所需设施和场地安排必须提前完成。拓展训练课程经常需要一些特殊的模拟道具，通过模拟的情境，使其获得更加真实的体验和感受，此时要特别注意道具的使用时间、使用时机，它对圆满完成任务起着画龙点睛的作用。

4. 挑战体验

挑战体验是让学生接受挑战，完成项目要求的任务，从中体验项目中预先设计的理念，并自然地从中得到感悟，领略拓展训练的魅力，达到体验学习的目的。

拓展训练项目并不都是一些令人生畏的项目，绝大多数项目在大学生的能力范围之内，有些看似简单其实不然，需要学生付出努力才能完成，就像“跳起来摘桃吃”那样，不是随手可及就能摘到“桃子”，这样的“桃子”也没有滋味，只有通过自身的一番努力而获得的“桃子”，吃起来才更有滋有味，感觉甜美。对于学生来讲，最初的判断也许和项目本身潜在的难度有关，拓展教师可以做一些简略的提示，以使他们正确地面对所要接受的挑战。

首先，项目的难度与项目本身的设计有关。总的说来，高风险的空中项目比低风险的场地项目难度高，野外项目比室内项目完成难度大一些，道具增多，难度也会相应增加。一般来讲，高难度的空中项目往往倾向于提高学生的心理素质，挖掘学生潜力；低难度的场地项目则更多的是培养学生团队意识，提高学生的创新能力和社会应变能力，增强其分析问题、解决问题的能力以及管理和沟通的能力。

其次，学生体验的过程开始于拓展教师的场景布置。拓展教师场景布置的过程往往决定了学生体验的结果。在挑战体验的过程中，学生尽量不要求助于拓展教师，更不要轻易对项目规则提出疑问，除非有特殊的要求，一般来说拓展教师会尽量提供给学生们一个充分展示自我并自由发挥的空间，拓展教师只是在适当的时机予以恰当的提示、引导和鼓励，让学生独立完成任务，这样也有利于下一环节的进行。

再次，参与挑战体验的过程是学生认识自我、提升自我的实践过程。拓展训练的过程受多种因素的影响，具有不确定性，因此，体验效果也不尽相同。拓展教师可以在每次活动时尽量安排个别学生做安全员，安全员除了保护队友的安全外，也可以参与帮助拓展教师记录活动的进度和关键时刻的即时感受、重要的决策及重大失误发生的时间、团队建设和个人发展项目中出现的主要问题等，以便在分享回顾和引导总结时使用。

最后，体验过程的连贯性直接影响着拓展训练的效果。由于拓展训练项目的特殊性，一般不能在活动过程中轻易停下来，条件允许的前提下尽可能一次性完成，必须中止时一定要选择恰当的时机。

5.分享回顾

分享回顾是拓展训练的重要环节，是学生在挑战体验后按一定的方式，将学生在完成既定目标时的感受、完成任务后的真实体验真诚地表达出来，并结合拓展教师的记录与大家分享成败得失，求同存异达成一致，相互鼓励，共同进步。

首先，分享回顾的方式。分享回顾一般采用轮流发言和随机发言相结合的方式，每一个拓展训练项目结束后，尽量让每个学生都有机会发言，特别是最初完成的几个项目，要保证每个人都有发表自己看法的机会。

其次，分享回顾的原则。①及时性和实效性原则。从学生的实际出发，遵循学生的身心发展规律，依据拓展训练的特点，在学生做完拓展训练项目后即刻进行有效的回顾，使学生获得的高峰体验在第一时间与大家相互交流借鉴。②求同存异和相互协调原则。由于参训大学生的个体差异，每个学生获得的体验也不尽相同，每个学生都可以表达自己真实的感受，当出现不同见解时，拓展教师要进行适时引导，相互协调，一般不鼓励学生之间针锋相对。③注重实践原则。分享回顾的最后环节一般都会涉及与现实的联系，即理论联系实际，参与拓展训练的目的之一是为了以后的学习、生活和工作提供帮助，因此，将拓展训练效果与实际生活联系起来，是每一位参训大学生应该掌握的。拓展教师有责任将分享回顾的重点放到联系实际生活的主题上来，以使拓展训练的目的更加明确有效。

6.引导总结

引导总结是将拓展训练活动中出现的重大决策、问题以及和学生的体验感受进行引导，运用拓展训练的理念进行合理的总结，使其系统化、科学化。拓展教师是这个环节的“主角”，也可以由拓展教师指定某个学生进行讲解，拓展教师进行必要的补充。

在引导总结过程中，拓展教师可以从这些方面进行指导：①指导学生从实际角度出发；②指导学生进行认真分析和讨论；③让学生在分析综合的基础上形成结论；④指导学生总结自身真实的独特感受；⑤指导学生发现自我、认识自我、提升自我。

对于引导总结环节，往往不需要拓展教师过于复杂的讲解，重要的是引导学生个性化表达活动中的收获与体验。引导总结的方法和内容要谈得宽、谈得广。引导总结是使学生再创造的过程，并使主题得以向前延伸，随时观察学生动态，发现学生问题，及时进行指导和调整。拓展教师要适时、适度、适法给学生点拨，并对学生做一些激励性的评价。

**（七）教学模式的评价体系**

我国高校体育实施拓展训练的教学评价要根据拓展训练的教学目的和教学原则，利用所有可行的评价方法及评价体系对拓展训练教学过程及预期效果给予价值上的判断，以提供改进拓展训练教学的模式。这种评价不仅仅关注学生的成绩，更重要的是发展学生多方面的潜能，提高学生的心理健康水平和社会适应能力，同时，了解学生发展过程中的需求，帮助学生提升自我、建立自信心，发挥评价的教育功能，促进学生在更大空间上的发展。以此建立促进学生、教师和课程不断发展的科学的课程评价体系。从评价的角度来说，拓展训练课程更加重视对心理方面的评价。评价是整个拓展训练课程教学体系中极为重要的一个环节，是实现教学目标的重要保障，也是提高教学质量、深化高校教育教学改革的有效手段，笔者在此仅对我国高校体育实施拓展训练课程的学习评价提出参考性建议。

（1）突出学习评价的整体性和综合性。根据拓展训练的特点和素质教育的要求，在制定学习评价的内容时，应紧密围绕学生的社会实践能力和身心发展的特点来设置相应的评价内容。评价内容不应仅局限于拓展训练的基础理论知识和实际操作知识，还应包括学生的学习态度、智力因素、社会应变能力、创新能力、心理素质等方面。从实践出发，以多元化的视角来评价学生的综合素质，全面地反映学生的认知状况和身心发展的情况。同时，鉴于学生之间身心的先天差异性和不同专业学生的实际情况，因此，在进行学习评价时，还应做到因人而异，注重从每个学生的实际情况出发，在整体性和综合性的基础上制定相应的评价标准。

(2)多种评价方式相结合。拓展训练是通过体验活动来达到心理健康和社会适应的主要目标，这是一个动态的发展过程，由于学生本身的个体差异和每种评价方式的局限性，在选择评价方式时，建议采用形成性评价为主、终结性评价为辅，学生互评和教师评价三者相结合，等级评定与评语相结合等方法来对学生的综合情况进行评估。采用这样的多样化评价方式，有利于形成评价方式的“优势互补”，特别是让学生共同参与评价的方式可以充分发挥学生的主体性，激发学生学习的兴趣和积极性，加深学生对拓展训练内容的理解与把握。

(3)开展特色评价，重视学生的个性，促进全面发展。

1)以激励性为主。评价在拓展训练课程实施中发挥着重要的激励导向和质量监督作用。以激励性为主的评价，可以巩固学生正确的意识、态度，也可以改变学生的行为并起到导向作用。需要注意的是要把握正确的激励时机，当学生在学习中表现出良好行为或取得一定进步后应尽可能早一些、快一点，恰当地给予口头或精神上的激励，采用优胜激励法、语言激励法、情感激励法等方法不断激励学生的良好行为，充分给学生提供机会和创新空间，满足各类学生接受鼓励的需要，提高教育的实效性，真正促进学生的个性全面发展。

2)重视对学生随机评价。随机评价方法是在拓展训练教学过程的进行中，对学生的表现及时做出评判的一种最方便、最能立竿见影的评价方法，也是拓展训练采用最多、最直接的评价方法。随机评价以口头评价的形式为主，这种评价从关注参训学生的个性发展和团队建设出发，对学生在学习过程中的良好表现给予肯定，对不足提出善意的指导，使学生发现自我，重新认识自己，建立自信心。随机评价的适时使用，会给学生留下深刻的印象，会激励学生在今后的学习生活中不断地追求卓越。拓展训练课程项目设计难易不同，特别是在学生通过自己的努力完成难度较大的项目过程中，拓展教师及时有效的鼓励，如“好样的”“你是最棒的”“干得不错，再努力”等带有鼓励性的评价对学生自信地完成任务起着画龙点睛的作用。

## 第三节　高校体育教学工作中开展拓展训练的路径探析

### 一、加强拓展训练的宣传教育工作

(1)设立拓展训练中心，提供宣传平台。我国高校实施拓展训练不仅是对体育教学内容、组织形式的有力补充，还是素质教育开展的新形式。高校领导要从思想上予以重视，从人力、物力、财力给予支持，设立拓展训练中心，为大学生了解、参与拓展训练提供交流平台。

(2)开展拓展项目竞赛，提高学生参与拓展训练的积极性。各种体育竞赛不仅可以丰富校园体育文化、增加体育课程内容，可以促进学生对体育项目的了解。高校也可以借鉴体育竞赛的开展模式，举办一些拓展项目挑战赛(如拓展训练运动会)、拓展训练知识竞赛，可通过校园网、广播、多媒体、校报、报栏等方式进行报道宣传，促进拓展项目在校园的开展，增进交流与友谊，也增强了拓展训练在校园的影响力，是加强拓展训练宣传教育的有效途径。

(3)将拓展训练的理念和方法融入体育教学中。高校拓展训练课程不是单纯的体育课教学，但体育课教学可以根据拓展训练的目的与要求，将一些拓展训练项目与体育内容相通的地方以及在体育课上便于开展的拓展课程形式进行推广。在课堂中也可以向学生传授一些有关拓展训练的理论知识，如拓展训练的起源、发展、功能等，既丰富了大学生的知识，又宣传了拓展训练，可谓一举两得。

(4)整合资源，加大对拓展训练的投入。针对高校硬件设施不同，高校拓展训练有关部门要努力协调，积极搭建平台，让学生互动，建立拓展训练教研室或拓展训练俱乐部，不仅负责拓展训练的管理组织工作，更主要的是作为学生了解、咨询和参与拓展训练的中介机构来负责拓展训练的宣传教育工作。

### 二、强化拓展训练的安全教育意识

拓展训练受场地、器械因素的影响，拓展训练内容和组织形式的多样性及特有的心理挑战等，决定了高校体育开展拓展训练具有一定的风险性，但并不可怕，因为这种风险是可以提前认识并可人为控制的，只要采取正确、合理的安全防范措施，拓展训练就可以安全、有序地进行。

(1)拓展训练的安全教育方针。安全对我国高校拓展训练不仅意味着完善的教育教学体系和严格的管理制度，还是参训群体思想意识的一部分，拓展教师和参训学生必须紧绷安全之弦，把安全放在拓展训练的首要位置。

拓展教师在实际操作过程中必须严格按照安全程序和指标进行指导、监控，这样才能保障高校体育开展拓展训练中实施“100%的安全保障”这一安全指导方针。

(2)高校拓展训练教师的安全操作原则。

1)备份原则。任何需要安全防护的地方及器械都要有备份，确保万无一失；遇到主锁、安全带等问题时要及时更换，做到及早发现问题及早解决，以降低安全事故的发生概率。

2)复查原则。所有的安全保护在准备完成后都要再复查一遍，以消除操作失误的可能性；安全器械的检查由专人负责，降低交叉管理的可能性，防止由于器械经人手过多，问题出现后却没有人上报，造成责任不清的局面。

3)监护原则。培训师对项目进行中可能遇到的安全问题进行全程监护，将任何隐患消除在萌芽中。

4)完善的行动原则。双重保护——任何需要安全防护的地方及器械都设双重保护，以确保安全；二次复查——所有安全保护在准备完成后都由第二个人复查，以消除操作失误的可能；全程监护——培训师对项目进行中可能遇到的安全问题进行全程监护，杜绝任何隐患；队医随行——具有执业资格的随队医生跟队训练，随时关注队员的身体状况。

(5)及时处理原则。在拓展训练实施过程中，难免会发生一些意想不到的危险和突发事件，当出现突发事件时，教师要镇定自如，沉着冷静，及时恰当地处理好突发事件，并现场分析造成突发事件的原因，从而教育和引导学生以正确的方法进行拓展练习。

## 三、以拓展训练促进素质教育的实施

素质教育是依据人的发展和社会发展的需要，通过各种教育手段和方式，全面提高人的各方面素养的教育，具有全体性、全面性、发展性和主体性的特征。素质教育重视学生在学习过程中的主体地位，强调学生的“学”，淡化教师的“教”。

拓展训练以团队和个人为单位，通过完成一系列的既定任务而达到认识自我、提升自我、熔炼团队的目的。拓展训练通过系统科学的体验活动可以把素质教学的理念和要求融入其中，不仅促进学生的整体提高和全面发展，还可以使学生充分认识集体的作用，加强学生的团队合作意识与集体荣辱感；认识自身潜能，增强自信心，提高心理健康水平；克服心理惰性，磨炼克服困难的毅力；启发学生的创造性思维，提高分析问题、解决问题的能力；增强学生的团队精神和能力、沟通技巧；帮助学生改善人际关系，提高学生的沟通和社会适应能力，达到双赢的目的。

## 四、建立良好的拓展训练课程新型师生关系

(1)拓展训练课程中的学生。学生在整个拓展训练教学过程中是一个参与者，学生要主动地、积极地投入拓展训练活动，根据自身素质、知识背景、健康水平去选择合适的团队位置进行拓展项目活动；学生在拓展训练教学过程中是一个求知者，拓展训练的目标是在培养学生身心健康的同时，充分发挥学生的个性和特长，使学生通过亲身经历和体验，在探索中追求真正的学习，从而获得最大的收获。拓展训练集娱乐性、趣味性和实效性于一体，因此，学生在拓展训练教学过程中的学习行为应该是主动的、积极的，拓展训练效果主要取决于学生在团队项目和个人发展项目中的自我定位、自我认识，而不是完全取决于拓展教师所付出劳动的多少。

(2)拓展训练课程中的教师。拓展教师在整个拓展训练教学过程中为学生和知识、技能之间架起一座桥梁。在项目训练过程中，拓展教师一般不参与具体知识和方法的传授，而是站在更高层次，全盘谋略，实时监控。作为一种体验式学习方式，拓展训练强调学生的“做中学”，而淡化教师的“教”，教师的职能发生了转变，拓展教师要明确角色定位和心态定位，在充分尊重学生主体地位的基础上发挥主导作用。

(3)建立师生新型的民主合作关系。拓展训练是一种体验式教学，学生在活动中处于主体地位，学生要在教师的引导、帮助、监督下积极主动地进行探索，通过身体力行地做，收获感受，从做中学，从做中思。教师要改变命令式的口气，用亲切、自然的口气来指导课程，与学生建立和谐的民主合作关系。拓展训练的挑战就在于教师能够使学生运用自己的头脑去学习、感悟，形成自己的结论，并且最终运用到现实中。拓展训练的目标为训练改变态度，态度改变行为，行为改变命运。

## 五、大力开发与利用拓展训练课程资源

(1)高校拓展训练课程人力资源的开发与利用。高校为拓展训练课程的实施提供了人力资源保障。高校拥有结构合理的师资队伍,他们的综合素质普遍较高,同时,他们来自不同的学科专业,有着不同的知识背景与丰富的理论知识和教学经验,对教育学、管理学、心理学等方面的知识也有一定的了解,只要进行系统的正规培训,完全有能力胜任拓展训练的教学工作,而且高校教师还能依据大学生日益增长的需求和高等教育水平的不断提高,主动为自己“充电”,提高自身的综合素质,以适应社会变革发展对未来教师素质的要求。这一优势为拓展训练课程的师资开发与利用提供了人力条件。

(2)高校拓展训练课程物力资源的开发与利用。场地、器材、设施是拓展训练课程顺利实施的重要物质保障。拓展训练项目所需场地比较简单,训练方式多变,一个篮球场的空间也可以进行训练,有些项目遇到恶劣天气也可以在室内(体育馆)进行,有些项目所需器材完全可以自制,不需要购买专业训练器材,有些项目基本不用器材。

(3)高校拓展训练课程财力资源的开发与利用。资金往往是我国高校开展拓展训练所遇到的最麻烦、最普遍的问题。为此,高校有关领导、机构不仅要从思想上予以重视,把拓展训练纳入学校发展规划,还要把开展拓展训练所需要的经费纳入学校财政预算中。高校实施拓展训练,可以本着“多有多投资,少有少投资”的原则来挑选训练项目,有财力条件的学校可以建立自己的拓展训练基地,或者在同一所城市的几所高校联合起来建立共用的训练基地;条件差的学校可以选择与社会拓展训练机构联合办学的方式进行,通过定期或不定期地租用专业拓展训练基地课程教学,或从社会中寻求合作,引进资金、实现双赢、共同进步。

# 第四章　生态体育视域下高校体育教学模式创新与优化

## 第一节　高校体育教学模式及其创新

### 一、高校体育教学模式的认知

我国高校根据国家发行的指导纲要，结合本校的实际情况和实际需要，形成了各种各样的体育教学模式。现行的主要模式有三基型、并列型、一体化型、三段型、选项课型和俱乐部型。

#### （一）三基型体育教学模式

三基型体育教学模式是最原始的体育教学模式，它的教学理念是在注重增强学生体质、提高身体素质的基础上，教授学生掌握体育基本知识、技术、技能。它的优点是能够充分发挥教师在教学过程中的主导作用，促进教学规范化，并且能使学生比较扎实地掌握体育“三基”；缺点是不能满足学生的学习兴趣，难以激发学生的学习积极性，因而很难获得理想的教学效果。

#### （二）并列型体育教学模式

并列型体育教学模式提倡不仅要传授学生体育基本知识、技术、技能，还要提高学生的体育运动水平。此种教学模式在教学过程中兼顾学生的兴趣爱好，注重调动学生的积极性，采用因材施教的教学手法区别对待不同身体素质的学生。并列型教学模式的进步，在于充分考虑了学生在体育教学过程中的地位，对不同体育基础的学生进行区别对待，同时兼顾了学生的主观想法。

#### （三）三段型体育教学模式

三段型体育教学模式是目前在我国各大高校使用最为普遍的一种体育

教学模式，它采用一年级开设体育基础课，二年级开设体育选项课，三、四年级开设体育选修课的方式组织教学。这种教学模式既能培养学生的体育基础，增强学生的身体素质，又能在一定程度上满足学生的体育兴趣，调动学生体育学习的积极性，培养学生的体育运动能力和课外体育锻炼的习惯，为终身体育打下基础。

### （四）一体化型体育教学模式

一体化型体育教学模式是以增强学生体质、培养学生体育锻炼习惯为指导思想，通过课堂教学和课外体育锻炼一体化，实现课内外相结合的一种体育教学模式。一体化型体育教学模式的优点在于通过课内外的结合，保证体育教学的整体性，培养学生自觉进行体育锻炼的好习惯，并为学生的终身体育打下坚实的基础。但是，这种模式在实施过程中很难做到全面贯彻，由于课外体育锻炼缺乏教师的组织和指导，有些学生难免变得懒散，导致课外学习与课堂教学脱节，因而很难实现课内外教学的连贯性和完整性。

### （五）选项课型体育教学模式

选项课型体育教学模式相比于其他体育教学模式给予了学生充分的尊重和自主选择的权力，它采用一、二年级均为体育选修课的方式组织教学，学校根据学生的体育兴趣提供丰富的体育教学项目供学生自主选择。其优点是充分满足了学生的体育兴趣，学生在学习自己喜爱的运动项目中能积极主动地配合教师的教学，使课堂气氛好、教学效果佳，同时也对培养学生的终身体育习惯有非常重要的影响。但是选项课型体育教学模式对师资条件和教学场地等硬件条件要求较高，条件不太好的高校要实施这种教学模式难度比较大，它更适合于基础设施较好、师资力量强大的高校。

### （六）俱乐部型体育教学模式

俱乐部型体育教学模式是一种比较新颖的体育教学模式，俱乐部型体育教学模式主张健康第一和终身体育的教学理念，对大学体育课程分成两个阶段进行教学。第一阶段是大学一年级的普修基础体育课，教授学生体育基本知识和基本技能，为参加体育俱乐部打下良好的基础；第二阶段是二年级的选项体育课，高校通过开设体育俱乐部的形式进行专项教学，学生可以根据自身体质和兴趣爱好选择相应的体育俱乐部，在参加俱乐部开展的各种活动的同时学习体育技术。

俱乐部型体育教学模式的目的是在培养学生体育能力、体育兴趣的基础上，使学生掌握一定的体育技术，养成自觉参与体育锻炼的好习惯，培养学生的终身体育意识。它的优点是在培养学生体育能力的同时提高了学生发挥主观能动性和自主学习的能力，从而将这种学习能力运用于学习、生活和将来的工作中，将体育教学过程延伸到高等教育的全过程。

## 二、高校体育教学的创新模式

### （一）高校体育教学的翻转课堂模式

#### 1.翻转课堂的界定

翻转课堂也可以叫作反转课堂、颠倒课堂，英语表述为“Flipped Classroom”，这里所说的“反转”主要是针对传统课堂教学而言的。翻转课堂是人们普遍接受的概念。不管是在国外还是国内，翻转课堂的定义始终在发生变化，不断完善，这也体现出教育教学研究者对翻转课堂研究的日渐深入。虽然人们对翻转课堂的概念还没有完全统一的界定，但是对翻转课堂内涵的分析研究却从未停止。

界定一：翻转课堂就是一种教学形态，由教师创作录制教学视频，学生自己在课下观看视频，再在课上与教师进行交流，并完成教师布置的作业。此前，他们对翻转课堂的表述大多基于其基本做法，比如，学生晚上在家观看教学视频，第二天在教室完成作业，如果有问题就与同学讨论或者向教师求助。可以看出这与传统教学模式完全相反，从这点来看就可以称其为翻转课堂。这种对翻转课堂的定义，主要是将翻转课堂教学与传统课堂教学相对比，由此突出其特征，帮助人们认识这一教学形式。

界定二：颠倒的教室，就是让教师给予学生更多的自由，将讲授知识的环节置于课下、教室之外，使学生能够自主选择适合自己的学习方式；同时把内化知识的环节放在课堂上，便于学生与教师之间、同学之间产生更多的交流，进行更多的互动。课前，学生们以自己的方式和时间，选择性地观看教师的课程视频；课上，大家针对自己的疑问解决问题，同时教师做一些测评、沟通的工作。实际上，英特尔对翻转课堂的理解，与其推出的“一对一”数字化学习模式有着密不可分的联系。尽管它也强调了师生之间、生生之间的交流，但是其更重视数字化的“一对一”学习，重视技术在其中发挥的作用，强调的是技术的参与。学习无处不在，人们可以在移动中学习，并且强调了云计算的重要作用。学习无处不在就是说任何人在任何时间、任何地点都可以开展学习，这符合英特尔数字化“一对一”学习模式的理念，而支撑这一理念得以实现的正是技术，技术始终是被重视的。

界定三：翻转课堂就是学生利用课前时间借助教师给出的教学资源，包括多媒体课件、视频材料等，自主完成课程的学习，然后再在课中与教师进行互动，一起阐释问题、探究问题，并且完成作业练习的一种教学模式。

界定四：翻转学习改变了直接教学的空间，就是由群体空间转向了个体空间，使群体学习空间变得更具动态性与交互性，从而促进学生在学习过程中充分发挥自身的创造性与主动性，积极参与学科学习。基于对翻转课堂研究的不断深入，乔纳森·伯格曼开始将研究重点引向"翻转学习"，也就是说，他将研究目光从"教学"转向了"学习"，从强调"课前学习"转向了注重"课堂教学活动"，他探讨论述了群体学习空间与个体学习空间的关系与变化，这促进了翻转课堂实践研究的进一步发展。

上述四个关于翻转课堂的界定各有侧重，界定一与界定二主要强调翻转课堂的课前学习环节与教育技术的应用；界定三主要体现了翻转课堂在中国的本土化发展，注重课堂活动与作业练习，但没有突出对培养创造力的关注；界定四则关注了翻转课堂的动态性与交互性，强调了翻转学习的本质就是以学习为中心。这些界定对翻转课堂内涵的描述主要着重于翻转的形式，说明中国翻转课堂的研究和实践主要还是聚焦于形式上的翻转课堂，对翻转课堂的本质有待深入。

实际上，从字面意思上来看，翻转课堂就是将传统的课堂翻转过来。因此，翻转课堂最基本的界定可以是：将原来需要在课堂上完成的知识传授放到课前，再将原来需要在课后完成的知识内化放到课堂中完成。至于翻转课堂的教学资源、教学信息技术和具体的教学组织方式等，则都不属于翻转课堂的原始要求，它们都是在翻转课堂实践发展的过程中延伸、演化出来的部分。

翻转课堂的本质是赋予学习者更多的自由，将传授知识的环节放在课前，是为了让学生自由选择适当的、舒适的学习方式；而将内化知识的环节放在课中，是为了让学生更多地、更有效地与教师及其他同学进行交流。

2.翻转课堂的特征

翻转课堂在许多方面都对传统课堂教学进行了革新，作为一种全新的教学模式，它具有一些颠覆传统课堂的突出的特征，翻转课堂改变了传统的教学过程，对课堂的时间进行了重新规划与分配，在传授知识的方式方法上有所创新，并且促进了教师与学生身份角色的转变。

(1)颠倒传统教学过程。对传统教学过程的颠覆是翻转课堂最为突出的特征。一般来说,传统教学的过程就是“教师讲授知识—学生完成作业”,这种教学过程把讲授知识的环节放在了课堂上,将内化知识的环节放在了课下,主要由学生自己完成。翻转课堂的出现彻底颠覆了这种教学过程,它将讲授知识的环节置于课前,将内化知识的环节置于课中,将巩固反思的环节置于课后。具体来说,翻转课堂要求教师在课前就做好相应的教学准备,按照课程目标搜索、整理或自己制作教学视频,为学生提供充足的学习资源,这样可以让学生在课前就完成基础知识的学习,让教师在课前就完成知识讲授;课中,学生可以在课前学习的基础上提出自己的问题与困惑,教师则能够及时地予以解答指导,并且,教师还可以组织学生进行小组讨论、合作学习,让学生在课堂上就完成知识的内化;课后,教师同样可以为学生提供有针对性的学习资源,帮助其补充知识,巩固记忆,鼓励学生积极进行学习反思。由此可以看出,翻转课堂将传统教学过程完全颠倒了过来,并且对教学过程中各个环节的功能作用进行了重新定位。

(2)重新分配课堂时间。对课堂时间的重新分配是翻转课堂的重要特征,具体体现在对教师讲授时间的缩减以及对学生学习活动时间的增加上。在传统的课堂教学中,教师需要把大量的时间花费在知识的讲授上,学生就只能被动地听讲。翻转课堂则改变了这一局面,它为课堂互动、师生答疑、探究讨论等教学活动留出了大部分的时间,期望学生能够在相对真实的情境中完成知识的学习,并且能够学会交流与合作。由于翻转课堂将教师的讲授环节放在了课前,因此它既保证了教学内容的充足,也有效活跃了课堂氛围,提升了课堂互动性。这种对课堂时间的重新分配有助于加强学生对知识的内化程度,深化学生对学习内容的理解。并且课堂交互性的提升对之后教师开展教学评价也有一定的帮助,教师能够通过学生的互动表现了解学生的学习状况,学生也能在教师的评价中进行反思,更加主动地把握自己的学习。这显然从整体上提升了课堂时间的有效利用率。

(3)创新知识传授方式。翻转课堂的又一重要特征是对教学方式的创新,其中最具代表性的就是短小精悍的课程视频。可以说,教学视频是翻转课堂教学资源的集中体现。传统的教学方式较为单一,基本依靠教师的讲授,学生必须在特定的时间、特定的课堂上接受这些知识,比较被动。而翻转课堂中的教学视频则在一定程度上改变了这种被动的局面,学生可以通过短小但内容丰富的教学视频来接受知识,并且还可以根据自己的需求暂停、回放、慢速播放视频,这有助于学生把握自己的学习节奏与学习进度,充分鼓励了学生的自主性发挥。此外,在课前或者课下观看教学视频,也会让学生更加放松，在一个相对舒适的环境中学习，不需要神经过度紧绷，如果有不懂的地方还可以反复观看，强化记忆。在之后的复习巩固中，教学视频也发挥着重要的作用。

(4)转变师生角色。教学过程的颠倒、课堂时间的重新分配自然也影响着身处课堂之中的教师与学生，翻转课堂的特征之一就是师生角色的转变。在传统课堂教学中，教师几乎占据着“主角”位置，但是在翻转课堂中，学生成了课堂的中心。

学生在学习过程中遇到了问题可以向教师寻求帮助，教师主要负责为学生答疑解惑，提供及时的、具有一定针对性的指导，可以说，教师从以往的讲授者变成了学习资源的提供者，变成了学生学习过程中的引导者、帮助者。这也代表着课堂的中心不再是教师，而是学生。实际上，这种身份角色的转变向教师提出了更高的要求，教师除了要具备讲授技能之外，还需要具备收集整理教学资源、录制教学视频、组织教学活动的技能。与此同时，学生在这样的课堂上也需要充分调动自己的主动性，不能再被动地接受知识，而是要积极、主动地汲取知识、内化知识。

学生成为课堂的中心，就意味着学生将成为知识意义的主动建构者，他们可以按照自己的学习节奏、学习步调选择合适的学习时间与学习内容，遇到较容易吸收掌握的知识可以适当加快学习速度，而遇到较复杂的内容可以放慢学习速度，反复观看教学视频，仔细探究学习。学生不能再一味地等待教师给出答案，而是要通过自己的努力寻找答案。此外，师生角色的转换也有助于拉近师生关系，对营造良好的教学氛围有一定的益处，师生之间、生生之间可以交互协作，学生可以在丰富的教学活动中掌握知识内容，由“被动接受者”变为“主动探究者”。

3.高校体育教学中翻转课堂的实施策略

(1)重视学生自主学习能力的培养。自主学习强调的是学生独立学习和独立思考的能力，它有利于提高学生学习的主动性，有利于学生持续探索知识，更有利于学生的持续发展和终身学习。翻转课堂作为信息技术迅速发展的产物，它对学生的自主学习能力提出了更高的要求。学生自主学习能力的培养在翻转课堂教学模式的实施中起着不可替代的作用。

自主学习能力的培养应该注意：第一，注重学习动机，抓住影响动机的因素，并对其进行干预，从而不断激活学生的学习动机；第二，注重学生的元认知发展，采用多种手段发展学生的元认知，并促进学生在这一方面的发展；第三，重视学习策略的讲授，提高学生的认知能力，鼓励学生采用不同的认知策略;第四,注重学生的环境利用能力及其培养,良好的学习环境有利于学生学习能力的提高,因此教师应该注重学生这一方面能力的培养。

在体育课程教学中,首先,教师应该意识到动机在学习中的重要性,并积极采取干预策略激活学生的内在动机,同时注重调动学生学习体育的积极性和主动性;其次,教师应该注重学生学习的策略,并采用不同的方式对其学习的策略进行指导;最后,教师要注重学习方法和技巧的传授,同时鼓励学生对自己进行科学、合理的评价。具体到翻转课堂的实施中,教师应该注重学生学习体育的主动性,并采取多种方式来调动学生学习的积极性。举例来说,教师可以将学生课前观看视频的时间和次数进行统计,并将统计的结果融入期末成绩考核中;在课堂上通过提问、作业检查等方式来考查学生课前观看视频的情况,并将这一考查结果融入日常的学习评价中;对没有按时完成课前观看视频任务的学生,教师也需要采取一定的措施,并对这类学生学习的进度进行及时监督。

总之,利用多种方式来促进学生的主动学习,是翻转课堂教学模式实施的关键。因此,教师应该根据学生的实际学习情况及任务完成的情况,选择恰当的策略,从而促进学生的主动学习。

(2)提高体育教师的能力和素养。教师是教育教学改革的重要保障,无论是体育教学改革还是其他形式的教育教学改革,都离不开教师的积极参与。翻转课堂作为一种新的教学模式,在实施过程中也离不开教师的参与。可以说,在翻转课堂教学中,教师扮演着不可替代的角色。课前教学视频的制作、在线体育教育平台的构建、课堂教学氛围的营造及教学组织和管理、课后教学评价以及对学生具体学习情况的评价等都需要体育教师的积极参与。在翻转课堂的影响下,这些都对体育教师提出了更高的要求。例如,教师的计算机操作能力、信息化教学能力、信息资源整合能力、教学组织能力、教学互动能力、教学评价能力等。因此,要想在体育教学中有效实施翻转课堂教学模式,首先应该意识到体育教师在体育教学中扮演的重要角色,其次要从多个方面提高教师的综合能力。

由于体育翻转课堂教学模式涉及的内容、范围更广泛,工作更复杂,再加上每个教师的时间、精力等都是有限的,所以,除了提高体育教师的综合能力以外,还应该注重翻转课堂团队建设。随着教育教学改革的不断推进,教育教学改革也逐渐从精品课程建设向教学团队建设方面转移。基于翻转课堂的教学团队建设,是翻转课堂在体育教学中实施的重要保障。它有利于缓解体育教师的压力,有利于培养体育教师的合作精神。同时,还有利于体育教师在教学团队中不断学习、不断吸收他人的经验，不断弥补自己的不足，从而能够在很大程度上提高体育教学的质量，促进体育教学目标的实现。

(3)优化高校信息化教学环境。随着网络技术、多媒体技术等信息技术的不断发展，教育信息化已成为教育改革的必然趋势。同时，教育信息化改革在很大程度上促进了教育教学的现代化发展。高等院校在教育教学现代化建设中，十分注重教育信息化的融入。因此，如何充分利用信息技术，如何将教育信息化与教育教学现代化有效融合，是当今教育教学改革的重要内容，也是教育改革中教育者研究的重要方向。而翻转课堂是信息技术发展的产物，它充分利用信息技术与教育技术，实现多种资源的共享。翻转课堂作为一种新的教学模式，注重多媒体技术、信息网络技术的利用，注重在线教育、教育技术的融入，这是翻转课堂与传统教学模式的主要区别。由此可见，翻转课堂教学模式的有效实施离不开信息化教学环境的支持。因此，要想有效实施翻转课堂教学模式，就应该不断完善信息化教学环境。尤其是在当今信息化时代，以翻转课堂教学模式为典型代表的信息化教学日益受到重视。作为影响信息化教学的重要因素，信息化教学环境也日益受到重视。只有不断完善信息化教学环境，才能在一定程度上保证信息化教学模式的顺利实施。

(4)加强翻转课堂在公共体育教学中的实践。翻转课堂正式引入中国是在2011年，翻转课堂在中国的发展历史比较短，翻转课堂与教育教学相结合的研究都处于初级阶段，尤其是翻转课堂与体育教学相结合的理论研究和实践研究更是屈指可数。可见，翻转课堂融入体育教学，并没有充足的理论基础和实践保障。正因如此，体育翻转课堂教学面临着很多的困难。

目前，高校公共体育教学日益受到重视，将翻转课堂与高校公共体育教学相结合，有利于实现高校公共体育教学的信息化教学，有利于促进高校公共体育教学的持续发展和改革创新。因此，探索和研究高校公共体育翻转课堂教学理论与实践，对高校公共体育教学理论研究和实践发展都具有不可忽视的意义。

高校公共体育翻转课堂教学理论和实践研究是一个十分复杂的过程，并不是朝夕之间就能完成的。因此，为了更深入地研究高校公共体育翻转课堂教学理论与实践，体育教育工作者应该更新教育教学观念，意识到翻转课堂在高校公共体育教学中的重要性，并从多个维度研究高校公共体育翻转课堂教学理论，不断吸收前人研究的最新研究成果和实践经验。同时，体育教育工作者还应该根据体育教学改革的要求，不断提高自己的能力和水平，不断在公共体育教学中研究和探索，加强翻转课堂在公共体育教学中的理论与实践研究，真正实现翻转课堂与公共体育教学理论与实践的有效融合。

(5)重视体育教学的安全防范。体育教学是一种特殊的教学项目，它有着其他教学项目不具备的特点，融合体力与智力、需要运动者的身体参与、不同的运动者承载的运动负荷也存在着差异等。同时，不同的体育项目，也体现了不同的特点。无论是哪一种体育项目，都存在着运动的风险，体育运动中的安全防范是降低或避免运动风险的关键。因此，体育教学应该重视安全防范。

与传统体育教学模式相比，体育翻转课堂教学模式注重学生的课前学习。学生通常会在课前对教师事先制作的教学视频进行观看和学习，在这一过程中，学生可以从中理解体育项目中的各种动作，并根据视频中的规范动作进行模仿练习，这样能够为课中教学做好充分的准备。然而，这种课前观看教学视频的过程，是学生自主学习的过程。在这一过程中，教师并不参与其中，学生在模仿和训练动作时由于缺乏教师的监督和指导，出现运动损伤的情况也随之增多。针对这种情况，体育教师应该根据课前教学视频的内容做好安全防范工作。具体而言，教师首先应该提高安全防范意识，明确哪种体育内容存在着运动损伤风险，并在教学视频中特别说明。同时，教师还应该注重学生安全运动损伤风险的识别，提高学生的安全防范意识。除此之外，教师还应该充分利用翻转课堂平台，在教学视频或在师生互相交流的过程中对运动损伤风险进行分类，并给出相应的预防措施。

(6)避免翻转课堂的异化。翻转课堂教学模式是一种新型的教学模式，它是对传统教学模式的改革和创新。翻转课堂教学模式在教学理念、教学目标、教学方式、教学结构、教学策略等方面都与传统教学模式存在着较大的差异。因此，在体育翻转课堂教学模式中，教师首先应该意识到翻转课堂在体育教学中的重要性，深入理解翻转课堂的相关理论知识，以及翻转课堂在体育教学中实施的具体条件、方法策略、注意事项等；其次根据学生的实际学习情况和学生的身心特点，结合教学的具体目标和体育学科的特点，科学地将翻转课堂融到体育教学实践中，从而真正提高体育教学的效果，避免翻转课堂在体育教学中的异化现象。

### (二)高校体育教学的慕课模式

慕课(MOOC)是计算机网络技术迅速发展的产物，它具有大规模性、在线性、开放性、高效性等特点。正因如此,慕课在教育教学领域得到广泛应用。近年来,随着教育改革的不断发展,高校体育教学信息化改革也在如火如荼地进行着。高校体育慕课教学是高校体育教学信息化改革的重点,也是高校体育教学信息化改革的重要方向。与传统体育教学模式相比,高校体育慕课教学模式克服了传统教学模式单一的弊端,确立了学生的主体性地位。同时,不受时间和空间的限制,有利于学生根据自己的学习情况随时随地进行学习,更有利于提高学生的综合能力。慕课和体育教学的结合,是体育教学信息化改革的必然要求和发展趋势。

1.慕课的主要特征

慕课是 Massive Open Online Courses 的英文首字母缩写。根据这四个单词的组合意义可以将其翻译为大规模开放在线课程。通常所说的慕课,就是通过音译的方法得来的。下面对这四个单词的具体含义进行简要分析:

Massive,可以翻译为"大规模",这里主要强调的是在这一平台上注册学习的人数很多,同时,也强调了注册人数不受限制。

Open,可以翻译为"开放",这里主要强调的是慕课这一平台没有针对性,它面对的是全世界任何一个想要学习的人。同时,提出了慕课这一平台对学习者没有任何要求,只要想学习就可以在平台上注册学习。

Online,可以翻译为"在线",主要强调的是利用计算机网络进行学习的一种方式,强调这一平台的网络性和在线性,强调学生者可以根据自己的时间来灵活安排自己的学习。

Course,可以翻译为"课程",主要强调的是一种课程学习资源。

综上所述,慕课实际上就是大规模开放式在线课程,它不仅强调了参与这一平台学习的人数之多,也强调了这一平台的开放性,更强调了慕课是集世界各地的讲授者与学习者于一体的在线网络课程。除此之外,慕课为全世界想学习的学习者提供了丰富的资源和共享平台,只要想学习的人就可以在这一平台上进行注册学习,没有身份、地位、性别、种族、地域等的限制。由此可见,慕课具有大规模性、开放性、在线学习的特点。因此,慕课被形象地称为"教育史上的一次数字海啸"。

在了解慕课的定义之后,还需要明确慕课的主要特征,下面对慕课的主要特征进行简要论述:

(1)优质性。与其他信息化平台相比,慕课具有优质性的特征。慕课涉及很多的课程,无论是世界慕课平台课程还是当前比较流行的"好大学在线”课程，都拥有着高质量的信息资源和学习资源。因为这些慕课平台上的课程资源都是世界各高校通过专门的技术团队进行合作开发、筛选、编辑、加工、整理、审核之后上传的。这些慕课资源不仅有代表性，还具有高质量性，这些都为慕课课程资源的优质性奠定了基础。总之，慕课集代表性、典型性、高质量性、优质性等资源于一体，为世界各地的学习者提供了大量的优质教育资源。

(2)大规模。慕课是大规模的在线课程，因此大规模性也是慕课的主要特征。传统教学是有人数限制的，而慕课教学并没有人数限制，同一课堂上学习的人数可以达到数百万。随着信息技术的发展，信息技术在教育教学中得到广泛的应用。教育信息化是教育发展的主要方向。而慕课作为不限制课堂学习人数的信息化平台，在教育教学领域日益受到重视。慕课是信息化时代的产物，慕课为世界各地的学习者提供了信息化学习平台。在这一平台上，有来自世界各地数百万的学习者在同一课堂进行学习，从而体现了慕课的大规模性，这也是其他信息化平台无法比拟的。

(3)开放性。慕课作为大规模开放式在线课程，自然具有开放性的特征。关于慕课的开放性，可以从以下三个方面对其进行分析：

第一，教育教学理念的开放性。慕课平台注重平等性和民主性。同时，慕课平台上的课程资源是面向世界各地、各族人民的，没有任何人群的限制。除此之外，慕课平台提倡，只要想学习的人都可以在平台上进行注册学习，从而学习慕课上的各种课程。

第二，教学内容的开放性。慕课平台上蕴含着大量的网络在线资源，且这些资源的内容并不是封闭的，而是开放性的，没有时间和空间的限制。

第三，教育教学过程的开放性。讲授者与学习者的上课、交流、测试、评价等都是在慕课平台上进行的，教育教学过程是开放的。

综上所述，慕课有着优质的教育资源，同时将这些优质教育资源上传到慕课平台上，真正实现了资源的全球共享。慕课的开放性有利于促进教育国际化的发展，有利于实现全球资源共享，也有利于世界各地学习者树立终身学习的观念，更有利于促进教育公平化的进程。

(4)技术性。技术性也是慕课的主要特征。慕课是信息技术高速发展的产物，与其他的网络公开课程不同，慕课并不是教材内容到网络内容的简单搬移，而是充分利用信息技术的优势，实现讲授者和学习者之间的在线交流与互动。实际上，慕课是将整个教学过程从线下搬到了线上，真正实现了在线课程教学。同时，慕课作为信息化平台，它主要采用短视频的形式进行在线教学。通常情况下，在每一堂课中，慕课所涉及的教学短视频的时长是15分钟左右。在这些短视频中，不仅包括学习的课程内容，还包括一些客观题。学生要对这些客观题进行回答，而慕课平台中的系统将对学习者的回答进行评价，只有回答正确这些客观题，学习者才能在慕课平台上继续学习。

慕课不仅充分利用了信息技术，还将云计算平台融入其中，这样不仅丰富了课程资源，还促进了海量课程资源的全球共享。另外，慕课还融入了大数据技术，在一定程度上促进了个性化教学的发展。除此之外，慕课平台中的各个网站也是精心设计的，这些精美的网站设计不仅有利于提高学生学习的热情，还有利于提高学生的学习效率。

(5)以学为本。"以学为本"并不是慕课的表征特征，而是通过对慕课的系统分析，挖掘、归纳、总结出来的一种核心特征。"以学为本"强调的是以学生的学习为中心，也就是慕课上的信息和资源都要以学生为中心，为学生的学习提供丰富的资源。慕课集信息技术、云计算技术、大数据技术等计算机网络技术于一体，为世界各地想要学习的人提供了丰富的资源，打破了传统教学模式的时空限制，有利于世界各地的学习者根据自己的实际学习情况和需要，随时随地地进行学习，从而获得自己想要学习的知识。

总之，慕课是一种信息化的教学模式，它不受课堂人数、时间和空间的限制，有利于学生自主学习，有利于学生根据自己的学习需要有选择性地进行学习。同时，学生在慕课平台上学习具有很大的自由性，有利于调动学生学习的积极性。

2.高校体育教学中慕课的作用

(1)有利于高效利用体育课堂教学时间。体育教学与其他的教学形式不同，它注重学习者的身体练习，强调身体活动在运动技能提高和学习者体质改善中的重要性。同时，在体育教学中，教师鼓励和引导学生进行反复的身体练习，只有这样，学生的运动技能才会由量变到质变、由泛化到分化再到自动化。另外，体质的改变也离不开反复的身体练习。

学生反复进行体育练习需要的大量时间，若没有时间保障，则学生的反复练习也无从谈起。而传统的体育教学课堂时间是有限的，这些因为运动技能的复杂性、学生学习和能力的差异性，需要教师在课堂上花费更多的时间进行讲解和示范。同时，教师还需要对体育竞赛规则、不同运动项目的发展历史进行讲授，这些也在很大程度上限制了学生在课堂上的练习。可以说，传统体育教学模式由于课堂教学时间不足，会在一定程度上影响学生运动技能的提高和运动体质的改善。

而慕课融入体育教学，在很大程度上弥补了传统教学模式时间不足的缺陷。教师可以将体育教学的相关概念、基础理论、技能训练方法等内容制作成短视频，并上传到平台上，鼓励学生在课前自己下载并自主学习。通过观看这些有关体育教学理论知识的短视频，学生就可以对这些理论知识有一定的了解，这样教师就不会像传统教学一样花费大量的时间讲解理论，节省了体育课堂教学上理论讲解的时间，为学生提供了更多的课堂练习时间。可见，体育慕课教学模式，有利于提高体育教学效率，有利于高效利用课堂教学时间，有利于学生有充足的时间进行反复练习，有利于学生在练习中体验运动的乐趣，同时还有利于提高学生的运动技能，改善学生的体质。

(2)有利于体育学习过程更个性化。体育慕课教学模式蕴含着丰富的开放式教育资源，有利于学生随时随地进行学习，有利于优化学生获取知识的途径。如前所述，慕课课程资源具有优质性的特点，这些优质的课程资源有利于吸引更多的学习者来平台注册学习。实践证明，每个慕课课程都有数百万的学习者在线学习。由此可见，慕课有利于学习者的自主学习，有利于体现学习者的主体性。

同时，体育慕课教学模式注重学生创新能力的培养，重视学生的个性化发展。不同的体育教师具有不同的学历层次、知识结构、教学经验，因此，即使面对同一个教学内容，不同的体育教师也对其有着不同的理解和表达。这样有利于避免教学内容和教学过程的千篇一律，有利于促进学生的个性化发展，还有利于学生根据自己的实际学习情况科学地选择体育课程内容。

另外，除了学校教材要求学生学习和掌握的内容外，学生还可以充分利用慕课平台，根据自己的特长和兴趣，结合自己的自由时间，自主选择一些适合自己个性化发展的学习内容，这样有利于学生在拓展学习中体验运动的乐趣，有利于全面促进学生的个性化发展。

(3)有利于体育教学课程更加鲜活。无论是高校体育教学理论知识，还是其他形式的教学理论知识，都是枯燥、艰涩难懂的，难以激发学生的学习兴趣，而体育慕课教学模式充分利用信息技术、云计算技术、大数据技术等先进的网络技术，将枯燥、艰涩的体育理论知识以信息化的形式呈现出来。这种信息化的形式避免了理论知识的艰涩难懂，从而使体育教学更加鲜活。体育慕课教学视频可以在一个 10 分钟左右的课程中集中讲解某一体育技术问题或体育理论知识，还可以在教学中设置一些师生互动活动，这种互动性的活动有利于激发学生学习体育的兴趣。学生通过慕课学习可以将碰到的问题或困难在互动交流平台上向教师提出，而教师则可以及时给予相应的解答。此外，学生还可以随时了解和调整学习进度，这样的新型学习方式有助于使原本枯燥乏味的体育理论知识变得生动有趣，从而极大地提升学生的学习欲望和主动性。

（4）有利于体育教学资源的共享。高校体育教学和其他学科教学活动的区别之处在于：体育教师在进行和组织体育教学活动时，必须创设出一种不同于其他学科教学活动的独特环境，进而使学生可以在这种为体育教学而专门创设的教学环境中学习和发展体育技能。然而，在现实中，由于各种主客观因素使得体育教育环境相对严肃且存在时间、地点的限制，难以有效激发广大学生参与体育课堂学习的主动性。而慕课（MOOC）引入高校体育教学则可以有效解决这一问题，学生可以根据自己的学习需要和实际学习情况，从慕课平台上选择适合自己的内容进行在线学习。同时，慕课平台上蕴含着大量的优质教育资源和体育特色课程。学生可以借助慕课平台，在线学习一些优质课程，这样有利于提高自己的自主学习能力，促进自己的个性化发展。

总之，体育慕课教学模式打破了传统教学模式受时间和空间的限制，丰富了体育教学的内容和方法，为高校体育教学资源的共享提供了网络载体。高校体育教学资源可以借助慕课这一平台，实现资源的全球化共享。

（5）有利于培养学生自主体育学习的意识与能力。体育教学的重要目标之一就是培养学生的自主学习意识和自主学习能力。关于学生自主学习意识和自主学习能力的培养，不同的学者有着不同的看法，比较统一的观点是注重学生的自主学习、合作学习和探究学习。这一观点强调了学生自主意识培养的教学方式。然而，体育教学与其他学科教学不同，它需要身体的参与。因此，并不是所有的体育运动项目都需要自主—合作—探究有机结合，因为一些体育项目中的复杂动作还需要教师的讲解、指导和示范。再加上自主—合作—探究的结合，也需要一定的条件——先前运动的经验与知识。由此可见，只强调教学方式，并不能全面促进学生自主学习意识和能力的培养。

传统教学模式注重先教后学，而基于慕课的体育翻转课堂教学模式注重先学后教。关于体育教学中的理论知识、健康知识、技能训练知识等，学生可以在课前通过观看短视频进行学习，从而对体育教学中涉及的理论知识有大致的了解。并在这一过程中，学生可以将遇到的问题提取出来，并通过网络平台与教师进行互动，从而解决在学习中遇到的问题。学生在慕课学习过程中，自主观看短视频，自主发现问题，并针对这些问题进行讨论，在交流和讨论中找到解决问题的方法。可见，学生通过慕课平台学习，有利于提高其自主学习意识。

与此同时，体育慕课教育模式注重先学后教，这种理念为新的学习方式的开展提供了保障。在慕课平台上，学生通过短视频先学习体育的理论知识，然后教师再在课堂教学中对体育动作进行讲解和示范。学生经历了这种新型教学模式带来的教学方式的变化，教师在实施自主学习、合作学习和探究学习时就会顺利很多。

由此可见，体育慕课教学模式的主要特征是先学后教。这有利于学生充分发挥自身的主观能动性，有利于学生自主学习意识和自主学习能力的提高。在体育慕课教学模式的影响下，学生也养成了自主学习的习惯，这种学习方式有利于学生以后的学习和发展，有利于学生树立终身学习的观念，有利于全面提高学生的综合能力，这是传统体育教学模式无法实现的。

(6)有利于提升体育教学的质量与效率。随着信息技术的发展，传统体育教学模式的弊端日益凸显，在一定程度上限制了体育教学质量和效率的提高，同时也在很大程度上制约了体育教学的发展。具体而言，主要体现在以下方面：

第一，动作的不清晰性导致学生对动作理解不准确。体育运动涉及很多的动作，这些动作都是连贯而复杂的。在传统教学模式中，教师无法人为地将这些连贯的、复杂的动作进行停顿或有规律的分解。在此背景下，学生无法真正理解体育运动动作的真正内涵，只能在大脑中对动作有一个不清晰的概念。在这种不清晰动作概念的影响下，学生对一些动作的训练是凭着感觉进行的，这样很容易对动作要领理解错误。

第二，大班授课的影响和制约。在我国，教师在高校体育教学中大多数采用的是大班授课方式。这种授课方式涉及的学生很多，教师无法兼顾每个学生的学习情况，也不利于教师对学生的组织和管理。

第三，室外操场授课的影响。在室外操场上授课，体育教学容易受光线、天气、风向等因素的影响。在此背景下，教师无论怎样示范体育运动中的动作，都会因上述因素的影响而使一些学生看不清教师示范的动作，这样不利于学生正确理解动作，更不利于教学质量和教学效率的提高。

3. 高校体育教学慕课课程模式

(1)cMOOC 课程模式。cMOOC 课程模式是一种常见的体育慕课教学模式。它主要以连通主义学习理论为基础。该理论认为，知识与连接有关，确切地说是通过网络化进行连接的，而学习的过程就是连接节点与信息源的过程。cMOOC 涉及的内容有很多，连通主义、协同建构、知识建构等都属于 cMOOC 的范畴。cMOOC 作为慕课教学模式的重要组成部分，根据连通主义学习理论，以某一个共同的学习内容，将世界各个地区的学习者联系起来，不仅实现了资源的全球共享，还促进了学习者之间的交流与协作，有利于学习者根据自己的学习情况构建符合自己情况的学习网络，从而促进自身全面发展。

第一，cMOOC 课程模式中学习者的基本学习活动包括：①对课程内容进行一定的浏览，并对课程进行注册；②从网站上获取学习所用的材料，这些材料有着不同的种类；③积极参与各种学习活动，积极参与问题的讨论，勇于发表自己的看法；④结合自己已有知识，将个人的学习资源制作成音频、视频的形式，并将制作的学习资源通过网络平台分；⑤意识到网络化工具在学习中的重要性，并充分利用这些网络化工具进行学习，从而对学习网络进行建构。

第二，cMOOC 课程模式的特征。cMOOC 课程模式有着自己独有的特征，具体分析包括：①cMOOC 课程模式与传统的教学模式不同，在传统的教学模式中，教师是权威者、主导者；而在 cMOOC 课程模式中，教师是组织者、协调者、指导者，教师上传到平台上的知识能够为知识的探究奠定基础，同时，教师所扮演的组织者角色，可以为学生的学习设置主题，引导学生对学习资源进行选择，鼓励学生与专家进行互动，从而在互动与协作中实现知识的分享。②学习者角色由被动接受者转变为主动学习者，成为教学的主体，同时，cMOOC 有利于学生自主学习，有利于学生与教师交流与互动，更有利于学生根据自己学习情况自主构建学习网络。③有利于拓展学生学习的范围，学生可以借助多种信息化平台，与教师和同伴进行交流和互动，从而分享自己的观点和经验，实现资源的多维度共享。

第三，研究者关于 cMOOC 学习的方法与策略。

柯米尔的策略主要内容包括：①根据学习者的实际学习情况，对学习目标进行确立；②充分利用社交网络工具来对自己进行介绍，并勇于在这些社交网络平台上展示自己；③根据已有知识，对自己学习的网络进行多维度构建；④积极参与小组活动和学习活动；⑤监控自己学习的进度，监督自己学习的具体内容。

克措普洛斯与豪格的策略。关于慕课的学习策略，克措普洛斯与豪格强调了三个环节，即课前环节、课中环节和课后环节。在课前环节中，学习者要充分利用网站，从中获取课程的相关内容，并结合自己的学习时间来安排学习。同时，从网站中了解在后续学习中会使用哪些学习工具；在课中环节中，应该勇于展示自己，积极与教师和同伴进行讨论。同时，利用好慕课平台，从丰富多彩的信息中筛选出有价值的信息；在课后环节中，要意识到交流与互动的重要性，并一直保持着与同伴之间的互动和交流。

(2)xMOOC课程模式。对xMOOC课程模式的分析：①需提前了解课程及课程安排，在xMOOC课程模式开始之前，学习者应该提前了解课程的相关知识，并知晓课程的具体安排，从而进行注册学习；②教师应定期发布课件及视频，xMOOC课程模式实施之后，教师应该结合教学目标、学习任务等定期发布一些教学课件，以及教学的短视频，以便于学习者学习；③课后作业应有截止日期，教授完xMOOC课程之后，教师应该布置相应的作业，并规定作业上交的日期，这样有利于督促学习者在规定的时间内完成作业任务；④应适当安排考试，在实施xMOOC课程模式中，教师应该适当安排一些考试，并鼓励学生积极参与考试；⑤开设讨论组以便交流，xMOOC课程模式，注重讨论组的开设，在讨论组中，学生可以根据自己的疑问进行线上讨论和交流，如果条件允许，则xMOOC课程模式还可以将线下交流融入其中，从而将线上交流与线下面对面交流相结合。

xMOOC课程模式的教学原理中对检索性学习与测验的分析。检索性学习与检索性测验对提高学生在线学习的注意力具有积极的作用。基于此，教师在对xMOOC课程模式设计时应该将互动性练习融到视频与测试中，从而及时对学生的学习情况进行检测。

xMOOC课程模式的教学原理中对精熟学习的分析。对精熟学习的分析通常从提出背景、建立基础、组成成分三个方面入手。只有这样，才能实现分析的准确性、科学性。

## 第二节 生态体育视域下高校体育教学模式优化原理

### 一、生态体育视域下高校体育教学模式的优化原则

#### (一)整体性原则

高校体育教师是否拥有整体观念以及在思考和处理问题时能否采用整

体观念对于维持高校体育教育的生态系统平衡有非常重要的作用。影响高校体育教育的效能和高校体育教育功能发挥的因素很多，如高校体育教育生态系统的各种内部和外部因素，以及各种人为原因都会引起高校体育教育的生态系统不平衡等问题。“随着现代文明社会的推进，人们越来越重视人与自然的和谐统一，如何在体育运动开展的同时倡导和实施生态文明理念，现已成为体育发展的主流方向之一。”[①]从生态视野创新优化高校体育教学模式要坚持整体性原则，这要求高校体育教师在思考和处理问题的过程中，不仅要重视整体，还要关注局部各要素。

此外，也不能忽略局部对全局的影响，甚至在某些特定情况下局部也可能会对整体起决定作用。因而，高校在制定方针政策、进行资源配置以及调整组织结构等举措时要考虑高校各个部门、各个领域的整体性，以使高校各个条线的管理工作发挥更大的功效。使整体性原则贯彻于建立组织机构、制定相关制度、方案实施以及检查评估的全过程，创新优化高校体育教学模式，充分协调高校体育教学生态系统内部各要素，确保高校体育教育生态化进程的稳步推进。

### （二）动态性原则

动态性是事物发展的规律和特性之一，高校体育教育生态系统也具有这一特性，因而它的发展也需要遵循这一原则。作为一个具有动态性特征的系统，不仅受到系统内部因素本身的限制，还受其他相关系统的制约，而且这种影响并不是一成不变的，它会随主体、时间和地点的变化而发生变化，高校体育教育生态系统要保持开放状态，根据外界相关系统的变化不断调整前进的步伐。因此，高校体育教育在发展过程中，要遵循社会发展规律，时刻关注高校体育教育发展的最新动态，掌握最前卫的信息才能把握高校体育教育生态系统的发展趋势，及时发现自身问题并进行调整改善，以保证高校体育教育生态系统的有效运行，最终实现保持系统平衡的目的。

### （三）系统性原则

所有的系统都是由很多要素组成的，高校体育教育的生态系统也一样，它由许多要素组成，各个要素相互依赖且存在一定联系，从而使高校体育教育生态系统构成了一个具有一定功能的综合整体。一个完整的系统既有内

① 孙彩红.学校生态体育的开发与教学模式的构建研究[J].当代体育科技，2017，7(07)：133.

环境又有外环境，既有宏观因素又有微观因素，然而各个要素在系统内具有不同的作用，在它们的相互作用和相互影响下使系统发挥整体功效。因而，从生态视野创新优化高校体育教学模式时需要遵循系统性原则，用系统性观念看问题，在处理高校体育教学问题时要关注各个要素之间的联动性、相关性以及各要素在结构和层次上的连接与协调，以提升系统运行的整体效果。

另外，还需要走出高校体育教育生态系统，从系统外的大环境结合各种宏观因素把握高校体育教育生态系统内部的变化和发展，以实现系统内与系统外的整体和谐，使高校体育教育生态系统的功能得到最大限度的发挥。

#### （四）差异性原则

在高校体育教育生态系统内部，各个要素，各个主体既是相互联系的整体，又是各自独立的个体，且每个个体都有明显差异，它们在系统中有着自己独特的功能。系统内部的这种差异性运用到高校的教学管理中体现在学校不仅要整体把握协调各项工作，还必须合理分清每项工作的要求和工作性质。在尊重个体差异的前提下，立足现状和实际需求，区分事情的轻重缓急，这样才能确保学校整体工作有序开展、协同推进。

一方面，高校体育教育的管理者不仅要从整体上管理师资队伍，还要熟悉每一位教师的特点并尊重他们之间存在的差异，遵守扬长避短的原则合理分配工作，使他们的才智得到最大限度的发挥。

另一方面，高校体育教师在教学过程中要充分认识学生个体之间的差异并尊重他们这种差异性，因材施教，使每一个学生的专长和潜能得到最大程度的挖掘与开发，促进学生的自由全面发展。高校体育教育的生态化发展不仅是一种迎合时代发展、满足社会进步需求的全新理念，还是一种极具生命力的发展理念，因而，这种发展趋势必然是实现高校体育教育可持续发展的理性选择。

### 二、生态体育视域下高校体育教学模式的结构优化

#### （一）个体生态结构优化

高校体育教学过程中的个体生态是一种微观生态，它是指受教育的对象本身的生态系统，即大学生本身包含的生态系统，其目的在于培养学生在体育上的生态意识，并逐渐将这种意识付诸行动中，形成良好的体育生态氛

围。高校体育教学过程中的个体生态受多方面因素的影响。

首先，在自然环境方面，建筑设备、体育器材配备、体育场馆的采光绿化和各种自然气候等的不同都展现出不同的个体生态特征。

其次，高校的办学规模、师资条件、经费投入和高校管理者对本校体育教育的重视程度等的差异都对个体生态有影响。

最后，高校体育教师在体育教学过程中采用的教学方法也会引发个体生态的不同反应，高校体育教师如果能做到因材施教，那么就能够为学生个体生态创造良好的条件。

教师在教学过程中对不同的学生采用不同的教学方法，对待差生应以辅导和帮助为主，对待优生应进行更多地培养，这种做法充分体现了根据个体生态特点进行施教。因而，高校教师良好的教学态度、采用正确的教学方法、积极引导和鼓励学生，这些都能为大学生个体生态提供有利的条件，形成良好的生态环境，有助于学生的全面和超常规发展。

### （二）群体生态结构优化

生态学按照研究对象分为四个层次：个体生态、种群生态、群落生态和生态系统生态。在体育教学中，人们把种群生态和群落生态结合为群体生态。有利的小生态环境可以促成个体的超常发挥，不利的小生态环境可能造成相反的结果。大学的一个系科可视为一个教学生态群落，而一所大学就是一个教学系统，一所中学或小学则可视为一个群落，有时也可视为一个小的教学系统。

影响体育教学群体的生态因素很多，教学群体之间有竞争、合作、中性等多种与生物系统不全相同的相互作用表现，教育者运用群体动力学来推进群体中个人的发展，这对教育者的素质提出了一定的要求。因而在体育教学过程中，要关注群落环境的营造，使教育群体的各生态因子中形成有益的合作、竞争，从而达到 1＋1＞2 的效果。

高校体育教学中包含了很多群体，如寝室、班级、社团等，其中有正式的群体也有非正式的群体。对群体生态产生影响的因素有很多，既包括物质上的，也包括精神上的；既有生理方面的，也有心理方面的；既有来自自然的，也有来自社会的；还有来自政治、经济、文化等多方面的因素。因而，在对高校体育教育中的生态群体进行改进的过程中不能一概而论，而要对不同的因素进行具体分析后采取有针对性的措施，利用群体的优势培养良好的生态气氛，加速高校体育教育群体生态化进程。

## 第三节　生态体育视域下高校体育教学模式优化路径

### 一、创新与优化体育教学模式的目标

#### （一）培养个体的社会交往能力

生态系统中，生物都是生活在一定的生态环境中，与一定的生态因子发生联系，并且与其他生物以互利共生、中性或互害等形式发生联系。以生态理论中联系和发展的观点为原则，在制定体育教学目标时，要注重体育教学中的社会交往能力、学生竞争能力、对规则的遵守和合作能力的培养。

参与体育活动的过程是在与同伴的默契配合、在与对手的斗智斗勇、在与大自然的融合中获得心理满足的过程，它不仅满足了人的自尊心、自信心和自豪感，还扩大了人们社会交往的范围，满足了人们交往、合作的需要。

在社会主义市场经济条件下，人与人之间的利益关系越来越明显，体育的经济价值也日益受到人们的关注。体育的经济价值不仅在于体育活动本身带来的经济利益，更主要的是它把公平竞争的体育原则引入市场经济中，改善了人们的经济关系。人们在竞争中逐步认识到公平竞争与合作双赢对利益双方的重要作用。体育竞争的原则促使着人们不断地向健康的经济利益关系迈进，对纯洁社会关系、净化社会空气也起到了促进作用。

随着社会生产力的不断发展，社会物质财富的不断增加，人们的工作时间越来越少，自由支配的时间越来越多，人们可以按照自己的天赋、特长、个性、爱好自由选择体育项目，强身健体、愉悦身心，自由全面地发展自我。在体育运动中，人们既是普通的参与者，又都是各方面的社会活动家。他们不再受民族、阶级、地域、分工的束缚，广泛地参加各方面、各层次的社会交往，从而形成了个人社会关系的高度丰富和全面的发展，为最终实现个人对社会关系的全面占有和共同控制奠定了良好的基础。

#### （二）发展学生的社会适应能力

生态系统中的生物通过生态适应和生态进化，与环境相适应。个体在现代生活中，也需要一定的反应机制对环境要求进行适应。“在生态体育教学理念下，大学体育教学应加强对学生身心体验的关注，强调打造以快乐、

休闲、静心、审美等为特点的健康体育。"[①]体育能促进个体自我调节的机制，人的健康机体是一个稳定的统一体，良好的情绪和平稳的心理状态，有利于保持和促进整个有机体的稳定和平衡。

体育运动能够把道德教育的内容融入其中，使受教育者在不知不觉中受到道德教育，提升道德层次，培养道德素质。比如，拔河比赛需要步调一致、齐心协力；体育游戏需要分工合作、规范秩序；同场竞技需要公平竞争、顽强坚毅等。而且体育运动能够激发爱国热情，振奋民族精神，凝聚民族力量，融洽民族感情，从而促进整个民族思想道德素质的提高。同时，体育是教育的重要组成部分，它能够向受教育者传授有关身体健康和体育运动的基本知识和技能，并使人们在学习和训练的过程中提高文化素质和运动技能，养成良好的运动习惯。所以在体育教学中，要注重培养个体对环境变化和现代生活要求的适应能力。

### （三）重视体育运动能力的培养与运用

第一，制定培养大学生体育运动能力的课程目标，增强对大学生体育知识、体育技能和体育技术的传授。一方面，有利于增强学生身体素质，为发展终身体育提供健康保证；另一方面，有利于促进大学生运动技能水平的提高，激发学生的体育兴趣，使其自觉参与体育活动，养成良好的体育锻炼习惯。

第二，制定大学生对于体育运动技能的运用能力的培养目标。体育课作为高校的必修课，在大多数高校的培养计划里都有两年的学习任务，也就是说，大学生有足够的时间去学习并较好地掌握一项以上体育技能。高校应制定培养大学生体育技能的运用能力的课程目标，并把它放到与提高学生体育技能的目标放在同等重要的地位，只有当学生能够熟练地运用体育技能，才有可能将其发展为终身体育，这也是高校体育可持续发展的重要目标。

## 二、创新与优化体育教学模式的内容

随着高校体育教育研究者不断地探索和实践，我国高校体育教学质量有了一定的提高，也有很多高校尝试让各式各样的体验教学进入学生课堂。生态视野下高校体育教学模式认为，新时期的高校体育教学内容，应当从丰

---

① 葛树兵. 大学生态体育教学模式构建路径思考[J]. 中华少年，2017(18)：309.

富高校体育项目、重视体育理论和方法论的教学以及营造体育氛围方面进行创新与优化。

### （一）丰富高校体育项目

生态系统物种的多样化是生态系统平衡和自我调控的一个重要条件，在体育教学中，单一的项目教学会影响体育教学目标的实现。高校应根据学生的能力、特点、兴趣爱好和时尚潮流适当增加高校体育教学课程项目。可供选择的体育项目丰富了，学生一定可以选到自己感兴趣的体育项目，这样势必增强学生的体育学习兴趣和积极性，教育者们也可以有更大的选择空间，从而减小教学压力。同时，学生通过自主选择的全过程，找到自己喜爱并合适的运动项目，能使学生主动参与到体育锻炼中，积极学习并掌握相关体育项目的技术、技能与知识，从而提高科学体育锻炼的水平。

因此，高校应当在时代发展的需求和特点的基础上，设置新颖且具有时代意义的公共体育课程内容，引进一些富有活力、健身性好、时尚新颖、攻防对抗性、安全易行的运动项目，如网球、台球、散打、登山、野营、攀岩、远足、定向越野、瑜伽、跆拳道、拳击、健身运动（健美操、形体操、形体）、沙滩排球、软式排球、篮球宝贝、体育舞蹈、街舞、跆拳道、电子竞技、高尔夫等一系列体育运动，都能在学校场地、器材、师资等条件允许的情况下，作为高校体育教学内容引入高校课堂中。在兴趣的引导下，这些项目不仅能满足学生的体育兴趣需求，还有助于学生健康生活方式和终身体育习惯的养成。

### （二）重视体育理论和方法论的教学

生态系统中结构与功能的整体理论强调，要系统实现其目标和功能，必须有完整和优化的结构，在体育教学中，除了体育技能学习外，人体科学的理论教学和体育训练的方法论的教学也是重要的组成部分。

当前我国高校体育教学中对体育理论课教学所占课时偏低，甚至有很多学校根本就没有开设体育理论课。一方面是由于高校体育教师忽略了体育理论学习对学生更全面地掌握体育知识和技能的重要性；另一方面是因为我国高校体育理论知识系统发展不完善。创新和优化高校体育教学模式提倡在高校体育教学内容中，适当增加体育理论知识学习在体育课堂的比例。另外，要注重完善高校生态体育理论的内容和范围。通过生态体育理论教学使学生学会根据自身情况进行科学锻炼，掌握基础的运动康复保健知识以及在体育运动中学会自我保护和基础护理。

### （三）营造体育氛围和人文环境

生态学中，生物生活在一定的环境中，并与之发生作用。良好的环境能促进体育教学。高校可以通过开展多种多样的生态体育活动吸引广大师生参与校园体育文化的建设，营造校园生态体育文化氛围。同时，高校应积极探索体育对人的意义和价值，利用广播、电视、网络、宣传报等多种形式广泛传播积极、健康、拼搏、向上的体育精神，大力宣传生态体育知识。

另外，可以通过班级或学院组织课外活动的形式，带领学生到大自然中开展丰富多彩的生态体育活动，如踏青、登山、自行车、远足等都是非常受学生欢迎的户外活动，可以让学生在自然环境中认识和感受生态体育，逐渐把这种体验带回到校园，融入校园体育文化氛围中

## 三、创新与优化体育教学模式的方法

### （一）实现教学手段的多样化

科学客观地实施体育教学，满足个体技能与身体的协调发展，将两者有机组合能发挥人体最大体能，这能促进大学生更有效地掌握科学健身方法。照顾个体差异，以人性化为切入点进行教学方法的创新，既考虑了个体运动方式的合理性，也考虑了每种方法对身体机能的适应程度。个性化的体育教学方法创新注重以个体性别、年级、学校、地域的差别为依据进行统一划分，以达到关注个体全面发展、多层次发展、多样化发展的目的。兴趣是最好的教师，只有提高了个体运动的兴趣与热情，将教学方法创新聚焦于个体的创造源泉，在施教过程中不断增强和磨炼个体创造意识，才能真正地将体育锻炼转化成人本能的原动力。

### （二）实现学生主体的个性化

社会不断发展、科学日益更新，新鲜事物层出不穷，人们能时刻感到社会在进步，与此同时，人的个性也在随之改变。教育水平是衡量社会发展与进步的一个重要指标，现代教育制度愈来愈重视个体的发展，通过从不同方面弥补个体发展的差异与不足，从而实现个体自身的提高与充实，以满足个体的个性发展。因此，高校体育教学工作也必须遵守这一宗旨。在活动实践过程中，教学者要注意挖掘学生的兴趣点因材施教，使其最大限度发挥自身优点与特长，这就要求高校体育教学内容承上启下，承前启后，为学生个性发展提供平台，并通过此平台最直接地展现每位学生的个性魅力。体育

活动锻炼的方式是最能体现个体个性的，因此，在体育方法创新与改革中，要注重个体活动实践过程中个性的发展，使其从活动中体验到体育实践带来的乐趣与享受，领悟到体育运动的真谛。

高校体育培养宏观目标旨在培养未来社会的建设者和接班人，必须为学生的个性发展提供合适的空间，它必须满足每个个体的发展。若每个个体都能了解自己的所在层次与能力的水平，则就达到了体育教学的普及性要求。体育教学方法革新，需要遵循终身性发展的要求，为不同个体寻找符合自身发展的终身运动，实现参与目标、技能目标、身体健康目标、心理健康目标和社会适应目标。

### （三）实现教学方法的现代化

体育教学现代化是教育现代化的重要标志，因此作为高校教育者更应提倡与鼓励这种教学方法。体育教学作为“五育”德、智、体、美、劳中的重要学科，其地位举足轻重。体育教育作为教育教学的重要环节，对学生身体素质与终身体育的要求也越来越具体化，除了日常体育课程教学、课外活动教学以外，对学生体育理论方面的知识、对比赛组织与裁判规则、自我锻炼指导与体育竞技、体育欣赏等方面内容提出了更高、更具体的要求。学生体育活动内容越来越丰富，体育竞技项目越来越普及，随之而来相对应的运动项目的实施、开设、场地、器材、教师教学能力的要求愈来愈高。

充分利用网络进行体育教学，是一种新的尝试，可以弥补传统体育教学方法的缺陷与不足。

首先，它实现了高校体育教学知识内容从“灌输”到“启发”的转变，注重学生创造性与实践能力的培养；实现了体育技能学习到体育知识发展的过渡，有助于使学生形成终身体育的意识。

其次，体育网络教学模式的实施，既实现了高校公共体育教学由课内向课外运动的目标的延伸，提高了体育教育生活化程度，又有利于学生自我体育活动分配的形成。学生有了网络体育教学辅助，可以根据自身情况安排课程、选择课程、可以反复对教学课程进行学习与研讨，也可以根据不同场地如寝室、图书馆、教室进行时空的突破，使“教育生活化”不再是空想。

最后，完善与健全高校体育学习系统网络平台，有助于转变传统高校体育单纯围绕教师与学生口头互动、课堂知识传授学习内容与知识技能的单向性局面，能有效解除学生自主性学习培养与发挥的制约因素。网络平台是一个庞大的资料库，汇聚各地高校、体育部门、图书馆等优质资源，为高校师生学习体育知识，了解当前体育相关发展动态，体育赛事等，提供了最直接、最便捷的途径，既有利于达到师生互动，也能促进更快地实现体育教学目标。

# 第五章　后现代主义视域下的高校体育教学评价工作研究

## 第一节　后现代主义与体育教学评价

### 一、后现代主义

从形式上讲，后现代主义是一股源自现代主义但又反叛现代主义的思潮，它与现代主义之间是一种既继承又反叛的关系；从内容上看，后现代主义是一种源于工业文明、对工业文明的负面效应的思考与回答，是对现代化过程中出现的剥夺人的主体性、感觉丰富性的死板僵化、机械划一的整体性、中心、同一性等的批判与解构，也是对西方传统哲学的本质主义、基础主义、“形而上学的立场”“罗各斯中心主义”等的批判与解构；从实质上说，后现代主义是对西方传统哲学和西方现代社会的纠正与反叛，是一种在批判与反叛中又未免会走向另一极端——怀疑主义和虚无主义的“过正”的“矫枉”。后现代主义在学术界没有也不可能形成统一界定，因此在后现代主义内部也是学派林立，主要表现在以下方面：

#### （一）反中心主义

后现代主义坚决否认本来意义上的形而上学，即现在所说的“形而上”，否认本体论，否认有世界的最终本原、本质存在，否认“基础”“原则”等问题。认为“形而上”的东西只是一种假设；传统哲学还假设人的认识又是通过语言来进行，即认为语言可以反映对象，表述或表达对象，人们也可以通过认识者对世界本质、规律的语言表达去认识、了解世界和事物。后现代主义认为，这是一种“元叙述”、一种“宏大的叙事方式”，是必须要被打破的。

后现代主义思想家坚决反对人类中心主义，人应该平等地来看自己与生态系统中的其他物种，这就有效地调整了人与自然的对立关系。

后现代思维方式最有价值之处在于其为人与人、人与自然、人与社会之间关系的重建提供了极为有效的思维方式。后现代主义认为把人与自然彼此分开是人类一切实践活动错误的根源，要想超越现代，就必须消解“人类中心”，从而反对认识论上的主客对立，反对把人与自然、人与环境的关系理解为是外在的、偶然的关系的现代观点。人与自然、人与环境的关系是内在的、本质的，人是世界的一分子，永远处在人与自然、人与环境的关系之中，人是关系网中的一个交汇点，是由内在关系构成的社会存在物。

### （二）反基础主义与反本质还原主义

后现代社会思潮认为，传统哲学所谓对事物的认识就是去追寻事物的“始基”，就是还原式寻找事物的终极本质。这实际上就是一种形而上学的“在场”，就是“逻各斯”的一种表现形式。因此，后现代社会思潮要求摧毁和解构这种“本质”和“基础”。

基础主义泛指一切认为人类的知识和文化，都必须有某种可靠理论基础的学说。这种基础是不需要证明，具有终极真理意义的观念或概念构成，应当成为一切知识合理性的来源。

后现代主义的反基础主义主要表现在两个方面：一是反对形而上学，认为现代哲学反对前现代是用“理性”取代了“信仰”，因此需要彻底革命消除“中心”本身，以取消这种统治地位的哲学；二是通过解构主义摧毁哲学中对基础框架的信念，打破哲学中的等级体系。因此，众多学者们又明确表明，后现代不能称得上是一种“主义”。

### （三）否认整体性与同一性

后现代主义否认世界是一个相互联系的整体，否认同类事物之间具有某种同一性，而代之以碎片、相对性。认为事物的意义是相对的，事物之间的联系也是偶然的，比如，每个著作都仅仅是一个文本，没有作者，没有中心思想，不同人可以读出不同的意义，即阅读就是一种误读，因而作品谈不上普遍性、同一性和整体性。后现代所要表达的是一种“不确定性”“模糊”“不可表达”“不可捉摸”等精神状态和思想品位，因而否认世界是一个相互联系的整体，否认同类事物之间具有某种同一性，从而使事物的意义变成相对，成为一系列能指符号的滑动。

在对“现代性”的审慎反思中，后现代主义把矛头直接指向现代性的一套整体性、同一性的叙述，对现代性中许多不言自明的真理持怀疑态度。后现代主义反对整体性、同一性和确定性，高度发扬事物发展变化以及事物本身的多元性、多样性、差异性、特殊性等，主张用知识形式的多样性、差异性去超越和反对统一现代理论，反对现代理论所预设的社会一致性观念，强调世界自身的多样性、多元性、人们对世界的认识应该是多视角、多向度的。

### （四）反对中心，寻找差异性与不确定性

中心的存在就意味着有非中心的存在，意味着有主客、内外等二元论存在；意味着本质决定现象、内决定外、中心决定非中心；也意味着人的认识总是要通过非中心而揭示中心。这实际上仍是一种“在场的形而上学”和罗各斯中心主义，是理应受到批判和解构的。后现代主义强调非中心、差异性和不确定性，以随意播撒所获得的零乱性和不确定性来对抗中心和本原。由此派生的是后现代主义对于确定性的否定，强调不确定性。

所谓不确定性，是多重不确定性，是一种复杂的指涉体，只有用模糊性、断裂性、多元论、散漫论、反叛曲解、变形等概念方能将它描绘出来。所谓内在性，指的是一种心灵的能力——在符号中概括自身，愈来愈多地参与自然，并通过它自身的抽象概括而作用于自身的能力，它因而逐渐地、直接地成为了其自身的环境。

### （五）反对理性，消解现代性

在当今社会，由于对理性的崇拜，产生了理性主义。理性主义的重要特征之一就是理性的无限泛化，把理性普遍地引向存在的各个领域，因而理性成为后现代主义批驳的重点对象。后现代主义既反对工具性的科学理性，又反对终极性的价值理性。他们批判追求终极真理的哲学观，对现代思想的理性权威进行彻底解构，这种解构主要表现在两个方面：一方面，对理性的权威性进行了发难，认为只有理性不能解决生命中重大的问题，理性的权威并不是绝对和无限的；另一方面，对理性的工具进行了批判，认为理性思维在探求事物内在本质和规律时，思维的向度完全站在物的立场，而将人置于对象之外，人的生命、欲望、情感都必须无条件地服务于求真的目的，人成为理性的工具。

总的来看，后现代主义主要表现为思维方式的转换和变化。后现代主义的观点和思维角度极大地冲击了传统的思维模式，特别是理智的或形而上学的思维方式。运用后现代主义思维考察现代学术领域，已经衍生出各领域中完全不同的崭新的理论和方法。它并未向人们展示一幅完整的现代状态下的社会图像，而强调对现代性的批判和解构。

## 二、体育教学评价

### （一）体育教学评价的功能

体育教学和其他学科一样，是按照规定的教学计划和标准进行有目的和有组织的教育活动，而体育评价是检验体育教学质量的重要指标，需要教师与学生共同参与，通过制定科学的标准，根据体育学科教学目标，对体育教学活动的过程和效果进行评价。体育教学评价有自身的评价方法，也具有特定的功能，在体育教学评价过程中，其所具有的功能包括以下四种：

1. 调控功能

不同的教学模式需要不同的评价方式，也会有不同的评价结果，教学评价是一种阶段性评价，每一个教学阶段都会有一定的教学评价，以检验教学情况和效果。根据特定的标准进行评价后，得出的教学评价结果为教师提供教学反馈，教师能够从中了解学生对体育知识和技能的掌握程度，并根据教学评价结果对体育教学活动的内容和形式进行调控，从而改进教学方式。

2. 诊断功能

体育教学评价的诊断功能主要是针对体育教学过程的鉴定，通过体育教学的结果分析其原因，使教师可以发现体育教学中存在的不足和成效，让教师能够逐步改进，提高教学质量，以更好地实现教学目标。体育教学评价的诊断功能可以使教师了解到体育教学过程各个方面的情况，对教学效果有客观了解。例如，教师可以通过了解学生体育课上所学的知识和其所面临的问题，对教学方案和方法进行改进，从而制定更有针对性的体育教学方案。对体育教学情况的诊断，能够为教师进行后续的教学活动提供反馈，让体育教师能够从中了解教学方案的适用性，并判断现有教学方案是否符合教学要求，是否需要进行调整。

3. 导向功能

体育教学评价对于体育教学活动具有导向作用，能够引导教师进一步完善教学内容与模式。不同的学科有不同的评价标准，而不同的评价标准也会有不同的评价结果。评价结果是教师对教学效果判断的重要基准。根据评价结果，教师对学生学习的时间、重点等进行科学、合理的分配。在这一点上，体育教学与其他学科相同，教师所规划的教学内容、重点等都会根据体育教学的评价结果进行适当调整。

4.激励功能

体育教学评价的结果对体育教师而言，是一种教学成果反馈，教师可以通过教学评价结果了解自身的教学情况，科学合理的体育教学评价对教师而言是一种激励，能够激发教师教学工作的积极性和主动性，让教师更愿意投身于教育活动。良好的教学评价能够反映出学生学习体育课程的积极性，以及对体育任课教师的认可度。同时，为了获得良好的教学评价，教师会不断地对教学方式和内容进行改进。这也体现了教学评价的监控作用，能够强化和促进教师的良好教学行为。

## （二）体育教学评价的发展

### 1.体育教学评价内容的改革

对于体育教师来说，体育教学评价标准会影响其教学内容，若要完善体育教学评价，则要进行全面改革，改革的具体内容主要包括以下四个方面：

(1)改进评价体制，实施多方位评价。传统教学中，学生评价教师时处于被动地位，多数情况下，学生的评价权力会被忽视，而教师处于主导地位。因此，多数情况下，评价成为教师的“专利”。在教学中改革评价体制，首先，教师需要在教学中对学生的身体素质进行了解，以综合素质、运动能力以及学生在学习和锻炼中的表现作为评价依据。具有针对性的评价，往往更容易调动学生的积极性。其次，因为“水平目标”的设立，不同教学阶段的教学任务有所变化，教师要改变体育内容的选择，体育教学的方式和方法都要朝着多样化发展。最后，教师要在体育教学中依据学生的运动技能、参与项目、心理健康、社会适应、身体健康五个方面设立评价内容，多方位、全面地对学生进行评价，从而保证评价内容的客观性和科学性。

(2)组建学习小组，增强学生的协作能力。组建学习小组，并以学习小组为单位进行评价。该方法在很多情况下都被使用过，其中较多地应用在队列、队形练习、小组排球、篮球比赛、早操及课间操、各种距离的接力赛跑中，能够更好地促进小组成员的合作能力。建立评价小组的主要目的在于促进学生提高社会适应能力。因为小组内的学生成绩具有统一性，某一个学生的学习表现是否良好，影响整个小组学生的学习情况，如此一来，小组内其他学生会主动监督不自觉的成员，大家互相监督，健康积极的班级学习氛围就会愈加浓烈，对提高学生学习积极性、协作能力具有非常大的帮助。

(3)评价学生的标准由单一变为综合。在体育教学中，部分学生先天条件优秀，不用积极锻炼也会在体育测试中获得良好的成绩，而一些学生因为先天不足、自身条件不高的限制，即使在体育课堂上非常积极地锻炼，在体育测试中也难以取得理想成绩，如此一来，会对先天条件较差的学生心理产生一定影响。因此，体育教学评价学生的标准需要由以往单一的锻炼为标准转变为以综合能力为标准。体育成绩中，单一的评价并不全面，也不科学，还应该对学生进行综合考量，正确的方法便是依据课程改革，按照最新颁布的"学生体质评价标准"对学生进行考核，如此能够兼顾体弱的学生，让其在体育运动中有参考标准，也能够让先天条件优越的学生朝着标准继续努力，可谓一举两得。

(4)综合运用过程评价与结果评价。在早期的体育教学评价过程中，仅仅重视学生学习结果的评价，重点关注学生的运动成绩，而忽略学生学习过程中的行为表现，从而导致教师和学生一味地追求最终的学习成果，感受不到体育运动带来的乐趣，学生的学习动力没有被激发出来，体育教学效果自然也无法突显出来。因此，要打破传统的体育教学评价模式，综合运用多种不同的评价方式，对体育教学活动进行全方面、多元化评价，同时将评价结果及时反馈给学生，让学生寻找自身存在的缺点并加以改正，有利于学生正确、客观地认识自己的学习情况。

过程评价指在教学过程中直接评价学生的"练习过程"，运用这种评价方式，除了可以提高学生的积极性，还起到一定的监督和激励作用。对于先天条件较差但努力练习的学生来说，过程评价可以提高他们的自信心，激励他们积极参与体育活动；对于先天条件优秀但缺乏积极性的学生来说，可起到监督和促进的作用。

2.体育教学评价的发展趋势

体育教学评价作为教学管理的方式和手段，得到各教育工作者的广泛关注和高度重视，并呈现出明显的发展趋势，可以通过以下方面进行阐述：

(1)更新评价理念，扩展评价内容。体育教学的评价理念除了要体现出科学性，还要符合素质教育发展的要求。要明确体育运动在素质教育中的地位和作用，根据学生实际的体育运动情况，制定详细的培养计划和目标，并根据体育教学目标设计相应的教学评价指标。需要注意的是，教学评价指标的设计要符合科学性要求，教学评价方法的选用要符合有效性要求。

目前，各方都在加大对学生素质教育的力度，但并不意味着文化教育的重要性有所降低，更不能说明体育教学仅仅局限于形式，而是要从本质上建立体育教学评价的指导思想。对于评价理念的创新发展，具体有两种正确的做法：一种是改变评价视角，从单一的评价视角转变为多元的综合评价视角;另一种是在淡化考评选拔价值和作用同时,强化教育、反馈和激励等作用。

如今,无论是教育领域的工作者,还是学术领域的工作者,都普遍认为各学校所制定的体育教学目标各不相同,并且教学目标具有多样性的特征。对于体育教学目标的实现,体育教学评价起到积极的促进作用,体育教学评价内容的设计取决于教学目标。因此,体育教学评价内容也趋于多元化,评价内容除了包括知识与技能的考评,还包括评价对象的主观表现,如情感、兴趣和态度等主观层面。

(2)实施个体化相对评价。如今,各大学校出现了学生厌倦体育课的情况。从学生的发展角度看,处于青春期阶段的学生非常热爱体育运动,但现实情况与此不一致,随着学生的成长,其对体育运动的抵触心理和厌倦情绪越来越明显,原因在于体育教学目标的设置不合理和体育教学方法的选用不恰当,尤其是对统一评价指标体系的错误运用。比如,每个学生的先天条件各不相同,有些学生具备优秀的先天条件,即使没有付出足够的努力也能取得一定成果;而对于先天条件较差的学生来说,要取得优秀的成绩,需要付出更多的时间和精力,也就是说,先天条件的差异化影响学生参与体育运动的积极性。基于此,需要逐步实施个体化相对评价。通过结果评价方式,调动学生参与体育运动的积极性。

(3)运用综合评价方式。

第一,有机结合定性评价与定量评价。在体育教学评价中,通过定量评价方法,不仅可以保证教学评价的客观性和准确性,还提高了定量评价的地位。需要注意的是,体育教育非常复杂,包含多种不同的人文因素,而定量评价方式并不适用于评价人文因素。因此,要将定性评价和定量评价有机地结合起来,从而得出准确且客观的评价结论。

第二,诊断性评价、形成性评价和终结性评价的综合运用。传统的体育教学评价比较重视终结性评价的运用,但这种评价方式存在弊端,即教学评价的反馈作用无法体现出来,无法对学生的体育学习起到激励作用,学生对体育运动的学习没有形成正确的认识。与此同时,体育教师的教学方法也得不到完善和优化,其原因在于终结性评价是在每个学期的期末考试结束之后进行的。因此,为了防止再次出现这样的问题,应改变体育教学的评价方式,从原来的单一性评价方式转变为综合性评价方式,即综合运用诊断性、形成性和终结性的评价方式。每个评价方式都有其优势,其中诊断性评价具有时效性,能够及时反映学生的学习情况;形成性评价可以促使教师及时发现自身存在的问题，反馈结果有利于教学工作的改进和完善；终结性评价为教师的自我认知提供依据，有利于教师对某个阶段的教学质量和效果形成清晰认识。

第三，充分结合自评与他评。早期的体育教学评价以他人评价为主，忽视了体育教师的自我评价。事实上，体育教师的自我评价是教学评价中不可或缺的重要组成部分，相比于其他学科的教师，体育教师已经对体育教学活动形成非常全面和准确的认知，并且对自身的教学水平也有一个相对清晰的认识。因此，教师的自我评价能够提供教学评价的准确性。此外，由于教师在评价自己的过程中受到利益因素影响，可能会存在不切实际的评价内容，导致评价缺乏客观性。基于此，应该将这两种评价方式充分结合起来，从而得出既客观又准确的评价结论。

除此之外，学生要客观准确地评价体育教学的质量和效果，需要换位思考。对于学生而言，自我评价也是至关重要的评价方式。学生在进行自我评价的过程中，要以体育教学目标为评价依据，原因是体育教学目标为学生的体育运动发展明确了方向。此外，学生的学习目标也是非常重要的评价依据，将两个目标作为评价依据，有利于学生提高自我认知能力。

### （三）体育教学评价的类型

#### 1. 按评价的基准划分

（1）相对评价。教学评价中的相对评价指在评价教学活动之前，需要将被评价对象中的一个个体设置为一定的评价基准，将其他评价个体逐一与评价基准进行对比，以确定评价个体的相对位置，并判断评价集体中每一个评价个体的相对优劣。一般来说，教学相对评价的基准是集体的评论水平，之后比较每一个评价个体所处的位置，如体育锻炼标准的达标、体质评价等。

相对评价具有一定的优势，教师能够从中了解学生的总体情况，也能够了解不同学生之间的学习差异，具有适用性强的特点。但是，教学相对评价也有一定的缺点，因为相对评价需要建立一定的评价基准，而评价基准是不断变化的，所以教学评价很容易与教学目标偏离。

（2）绝对评价。绝对评价是根据体育教学目标对体育教学设计方案、教和学的成果所作的评价。绝对评价将体育教学评价的基准建立在被评价对象的群体或集合之外，把群体或集合中每一成员的某种指标逐一与基准进行对照，从而判断其优劣。

与相对评价相比，绝对评价的标准相对稳定和客观，教师能够获得更加客观的评价反馈，学生能够从中了解自身的学习情况，也能够看到自身与客观标准的差距；学生可以通过评价结果与客观标准对自身的学习方式等进行进一步改进，对学生和教师具有促进作用，这是教学绝对评价的优势；其缺点是评价标准的确定有一定的困难，很容易被主观意愿所影响。

(3)自身评价。除了相对评价与绝对评价，自身评价也是教学评价的重要部分。自身评价与以上两种评价不同，自身评价是被评价个体对自身学习情况的一种评价，被评价个体根据自身情况对自己的各方面能力进行评价。这一评价类型主要是为了适应不同个体的差异性要求，不同的被评价个体，其学习情况各不相同，存在一定差异，为了更高效地对每个个体进行科学评价，必须通过自身评价了解被评价个体的自我认知。

2.按评价的功能划分

(1)诊断性评价。诊断性评价一般是在教学活动开始前进行评价，通过对被评价个体的学习情况进行鉴定，对教学计划顺利、有效实施进行测定性评价，这一评价又被称为前置评价。在体育教学前期，通过对前期教学情况进行评价，对学生的学习水平、学习基础、态度等进行全面诊断，可以对学生的学习情况有一个大致了解，并与体育教学目标相结合，之后根据诊断性评价结果进行体育教学内容的设计，并进行教学决策。

诊断性评价一般在课程、学期、学年开始或教学过程中进行，能够对学生的学习程度进行了解，教师可以据此更有针对性地设计教学方案。

(2)形成性评价。形成性评价与诊断性评价不同，形成性评价是教学过程中的评价。体育教学设计活动中进行的评价主要是形成性评价。在教学过程中，通过对教学目标和教学内容进行过程性评价，并对教学活动各个要点的层次关系进行分析，对学生的学习情况及时了解，教师也能够从中了解体育教学的成效，为教师进一步教学提供依据。通过及时分析评价结果，教师可以更好地调整和改进体育教学工作，巩固教学成果，同时有利于进一步完善教学活动，保证教学目标的实现。

形成性评价主要是为了改进、完善教学过程，有利于对学生所学知识加以复习巩固，确保他们掌握并为后期学习奠定基础。

(3)总结性评价。总结性评价与诊断性评价相反。诊断性评价是前置评价，而总结性评价是后置评价，是在体育教学一个阶段结束后的评价，注重考查学生掌握某门学科的整体程度，评价的内容较广。

总结性评价是对学生一个阶段学习成果的检验，如学生对体育知识以及技术的掌握程度是否与体育教学目标相一致。此外，总结性评价不仅是对学生学习成果的检验，也是对教师教学成果的检验。

3.按评价的内容划分

（1）过程评价。体育教学活动中的过程性评价，主要是针对体育教学活动中教学环节设计的评价，检验各个教学环节是否达到体育教学的目标要求。过程性评价对于体育教学活动而言，是对体育课上为使学生逐步掌握体育知识和技能所设计的各种体育竞赛游戏、活动等进行评价，学生在学习体育技能的过程中，需要体育教师进行一定的指导，在指导过程中，教师会运用有针对性的教学方法，让学生能够更快速地掌握技能，而过程性评价是对这一过程的检验，也属于一种总结性评价。

（2）结果评价。与总结性评价相似，结果评价是对体育教育成果的评价，是在体育教学活动完成之后，针对教学成果进行的评价，是对学生各方面能力的一种判断，学生和教师都能够从中获得一定反馈。

4.按评价的方法划分

（1）定性评价。定性评价作为一种重要的评价方法，评价标准主要是指标准体系中各种规范化行为的优劣程度。在体育教学评价中，定性评价一般以评语的方式表现。

（2）定量评价。除了定性评价之外，定量评价也是体育教学评价的重要方法。定量评价是对教学活动在“量”方面的评价，这一评价方法通常运用与数学有关的方法进行检验，如统计分析、多元分析等方法。定量标准有利于提高评价结果的精确性和客观性。此外，定量评价需要在一定的数据基础上进行分析，并得出规律性的结论。定量与定性评价相辅相成，两者有着密切联系。

### （四）体育教学评价的原则

体育教学评价是一种以教学目标为标准，对学生和教师进行系统化、综合型评估，并处于不断发展、不断完善的体系，对于提升教师的教学质量、增强学生的学习力和独立思考能力有重要的参考价值。但是，体育教学评价同样需要完善的规则制度作为标准来指导体系的完善，而完善的规则制度必须具备以下原则：

1.科学性原则

在体育教学评价中，应注重从评价程序、方法和评价目标入手，进行科学设计和安排评价标准，尊重客观规律，做到从实际出发，避免教学过程中的盲目跟风、经验主义，进而提高体育教学过程的科学性、合理性、严谨性，提升教师的教学质量。要做到科学性，可以从以下三个方面入手：

(1)端正态度。如果在体育教学评价过程中质疑科学，盲目迷信个人经验，甚至是以个人直觉作为作出决策的依据，那么必然会导致不良后果。

(2)健全体系。只有建立健全的、合理的评价体系，才能合理安排和设置课程内容，以实现理论与技能的双重教学。

(3)科学方法。科学的方法是体育教学评价沿着正确、合理的方向发展的重要途径，直接影响评价结果是否公正、公平、正确。

2. 一致性原则

统一思想、统一方法、统一目标、统一标准是进行体育教学评价的重要前提，只有坚持同样的标准进行评价，才能区分被评价对象的优劣，进而找到适应于不同被评价对象的改进方法，只有同样的标准，才能让评价变得有理有据。在体育教学评价过程中，对教师和学生提出统一的评价标准和指标，实际上是给他们提出具体的奋斗目标和要求，这些指标在教学活动中不能因为不同学校的硬件设施、师资力量、校园环境等因素而变化。

3. 客观性原则

客观性又称真实性，与主观性相对，指事物客观存在，并不以人的主观意志为转移的属性。在体育教学评价中贯彻客观性原则，需要以实际存在的资料为依据，坚持实事求是的态度，对体育教学取得的实际成果、教师的教学质量及学生的学习质量进行客观评价，不掺杂主观臆断和个人情感，否则，就会使体育教学评价失去原有意义，变成个人情感输出的工具，甚至作出错误的策略调整。而要做到客观，可以从以下三个方面入手：

(1)态度客观。评价者要坚持公正的立场，客观地对被评价对象作出价值判断。

(2)方法客观。评价内容、方法与主体要多元化，多方面、多角度地搜集资料，制定适合所有被评价者的方法。

(3)标准客观。尊重被评价者的个体化差异，制定客观标准，以适应不同群体的实际。

4. 全面性原则

全面性原则要求在进行体育教学评价时，把被评价对象作为一个有机统一整体来看待，对其全面考查和描述，既要肯定取得成效的一面，又要看

到存在的问题,多维度、综合性,面面俱到。贯彻全面性原则,可以从以下三个方面入手:

(1)充分考虑各个评价对象。体育教学评价的对象既包括教师的教学质量,又包括学生的学习质量,以及双方在教学过程中的良性互动和结果,这些内容构成体育教学活动的过程。只有充分考虑各个评价对象,才能避免制定评价体系时陷入片面化的误区。

(2)兼顾主次矛盾。主要矛盾在体育教学过程中占据主导地位,对整个过程发展起决定作用,所以对主要矛盾的重点关注十分必要,但是也不能忽视影响体育教学的其他因素。

(3)有效结合定性评价和定量评价。只有把二者有机结合,使之相辅相成,才能全面评价体育教学成果。

5.激励性原则

在体育教学评价过程中,通过评价对象的语言、情感和恰当的教育教学方式,给被评价对象不同层次的肯定和认可,使之在心理上获得自信,进而改善不足、促进发展,这种原则被称为激励性原则。贯彻激励性原则,有两方面不容忽视:首先,要确保评价结果的公平、公正、公开;其次,要秉持"理论联系实际,注重事实"的原则,尊重被评价对象的个性和可能性,以激情的激发替代枯燥的灌输,使其愿意接受评价结果。

6.可行性原则

可行性原则指教学评价要从当地的教学实际情况出发,评价内容、方案、指标、方法等都要符合具体条件,能够施行,而不是空想。贯彻可行性原则,需要注意以下三点:

(1)简便易行的指标体系及方法技术。既要清晰明了,便于被评价对象自我认识、自我纠正,又要便于实施和监督。

(2)科学合理的评价项目设置及等级划分。若项目过多,被评价对象始终无法完成,则会使被评价对象陷入自我怀疑;若项目过少,则达不到预期效果。

(3)适应体育学科特色的评价指标。不同学科有不同的特色,要制定适应于体育教学特色的评价标准,尊重学科发展的规律。

## 三、后现代主义与体育教学的关系

在体育教学过程中教师对学生主体性的认识,可以说是经历了一个辩证回归的过程，历史上不论是中国还是西方的教育学家，都将学生的主体性视为教学的核心。

孔子尊重学生的个体差异，除了在道德上提出基本要求外，他并不要求学生改变自己的个性特点，而是根据学生的个性特点施以不同的教育，提倡发挥学生学习的主体性，有利于激发每个学生的学习欲望，使他们能够主动地学习，培养其独立思考的习惯和积极主动的创造精神。

关于教学，孟子也提出了启发教学与“深造自得”，“学”与“思”紧密结合、“读书存疑”、循序渐进与“专心有恒”等方法，这些都体现了后现代主义的自主性，反对“教师”中心，反对“教学方式”同一，即注重学生学习的主体性，提倡学生加强自学，重视学生自得，因为只有自觉得到的知识才能真正成为自己的知识。

苏格拉底的教育思想核心是“智德统一”理论，他认为人与宇宙万物一样，同是神的造物。不同的是，神不仅创造了人的肉体，而且为人安排了灵魂。人的一切知识、智慧、道德都存在于人的灵魂之中，都是灵魂的属性。因此，知识、智慧和道德具有内在的、直接的联系。苏格拉底明确提出了“美德即知识”的观点，认为人生的目的在于通过认识获得知识，最终发展智慧，成为一个道德完善的人。这是完全把学习者当作教学中的主体的体现。

不论是孔子、孟子还是苏格拉底的教学思想，都表达了同样的思想，都将学生的主体性视为教学的核心。而到了近代，一切随着现代性的兴起而改变，又到了现代科学的兴起，科学性成为社会主流之后，教育也抛弃了原来的思想，转而以现代的科学性作为教育的主导，即现代教学，当前我国的体育教学就是现代性的产物，它以现代性的基本特点为核心。但随着人们对现代性的认识加深，不断认识到其不足，提出了后现代，后现代思潮的出现又实现了这样的辩证回归。

“后现代主义主张打破僵化体系，主张有相对真理而没有绝对真理，人与事物是相互变化发展的，不存在统一性。这些思想运用在体育教学中，有利于改进教学方式，教师将学生看作发展的个体，实施有针对性的教学模式，为实现学生的发展打好基础。”[①]冲破规范化的当前教学评价模式，将学生看成不稳定的、非平衡的和丰富的、具有多重发展的“活”的个体，将课堂

---

① 安淑平.后现代主义视野下的高校体育教学评价研究[J].田径，2017(12)：21—22.

看成是这些个体不断转变、不断演进、不断实行跃迁的充满活力和偶然性的场所，将教学看成师生平等的、对话的、相互交流、共同发展的创造性活动。这些不仅是因为后现代主义思潮的兴起，更在于全人类对人类自身价值与存在的更深入的反思。后现代是现代之后产生的思想，以解构现代性或重构新模式为核心，它的对立面就是现代性，而后现代性正好与之相反，它强调"非标准化(个性化)""生成性(自我发展)"和"非外在控制(自我调控)"，后现代主义的教学评价显然是丰富、灵活、创新性的。后现代主义是全面建设新的教育理念的理论支撑，将带领教育进入一个更加绚丽多彩、生动现实的世界。体育教学的评价目标要以丰富的练习方法和多元化的体育素养发展方向为主，并且要让个体的自我发展和自我演进的活力在后现代环境中不断地得到体现。

## 第二节　后现代主义对高校体育教学评价的启示

"体育教学评价是体育教学的重要组成，是一种具体的评价方式，其根据一定的体育教学目标和要求，对整体的体育教学活动进行全面性、体系化的调查，同时评定其价值、优缺点等信息以期改进的一个过程，从而从整体上对体育教学活动进行调控，实现体育教学的有序开展及保障教学目标的达成。"[①]

### 一、重视"量"与"质"评价的一体化

量化评价是力图把复杂的教育现象和课程现象简化为数量，进而从数量的分析与比较中推断某一评价对象的成效。量化评价是实证主义方法论的直接产物，它认为主体和客体是相互孤立的实体。世界是有规则的、可预知的，存在着一般的规律和模式。事物内部和事物之间必然存在因果关系，量化评价就是利用这些关系。评价者只要遵循一定的方法规范，就可以将评价的结果在更大的范围内推广。因此，使用一种理性、客观的方法，配合合适的程序，就能使我们预知和控制世界。

量化评价主要针对课程的实施结果进行，即"应该评价什么"，而不是

① 张枝尚.高校体育教学评价的现状及发展走向研究[J].赤峰学院学报(自然科学版)，2015，31(05)：210－211.

“什么值得评价”，如测量学生的学习成绩。最常见的评价形式是“课程是否达到这一目标”，如泰勒的目标评价模式。量化评价的主要过程包括提出问题、设定评价、定义变量、抽样、分析、结论等。它具有标准化程序，是自上而下、从一般到特殊的演绎过程。量化评价追求对有关事物的构成或某些性能的等级、程度、规模、范围等可以用数量表示的规定性进行精确测量，其出发点在于把握事物的量的规定性，也就是通过具体的数学统计、运算和定量分析，提示评价对象的数量关系，掌握评价对象的数量特征和数量变化，抽取并推导出对课程评价有价值、有意义的数据资料，然后将事实与假设加以分析比较，并不断修改和完善假设，最终得出结论。

质化评价则追求对那些能够显现有关事物的内在规定性的具体特征进行细致而深刻的挖掘，其出发点则是把握事物“质”的深刻性，通过对评价对象进行广泛细致的评价，来深刻地理解和关注被评价对象的发展过程。也就是说，在体育教学评价中不仅仅看考试成绩的结果，更要注重学习者在整个过程中的技术掌握程度、参与的情感体验和体育素养发展得如何等综合因素，做好教学评价结果的综述。质化评价是一种价值判断，它没有严格的分析程序，具有较大的灵活性，能够弥补量化评价中的一些缺陷。

传统的体育教学评价中过分注重量化评价，从而无形中忽视了质化评价。现行的高校体育课程的评价都是量化指标，将事实和价值相分离，强调课程需要严格控制，评价方法主要是对成功或失败、好或坏的量化、强调精确度、信度、效度。它主要用观察、实验、调查、统计等方法进行课程评价，对评价的严密性、客观性、价值中立提出了严格的要求，力求得到绝对客观的事实。量化评价的方法简便易行，容易操作，具有具体性、精确性和验证性等特点，推进了课程评价科学化的进程，因而一直在实践中处于支配地位。

量化评价者不考虑评价对象的行为与特定情境的关系，认为现实是不以人的意志为转移的，是客观存在的。评价者在评价之前就做出种种假设，在评价过程中，“客观”地搜集与课程有关的资料，最大限度地测量和解释课程是怎样实施以及结果是什么。这里的评价是自上而下的，评价者具有很大的权威。正常情况下评价者是个别行动，在评价者与开发者、教师与学生和其他关系人之间保持一定距离。而高校学生和教师的情感、人格、意志等通过课程这一载体所受的潜在影响，则无法通过量化指标显示出来，必须借助于体验、感悟、知觉、观察等质的评价方式。

事实上，在量化评价与质化评价之间建立平衡，一直是教育学家们关注的中心。无论是孔子，还是孟子，在他们的教育思想中有着许多和后现代主义思想相似之处，对教师在体育教学评价方面有着指导作用。后现代的根本特征之一就是“不确定性”。这一范畴具有多重综合所指，如间断性、多元论、随意性、反叛性等。在所有这些界定中，贯穿着后现代的基本精神，那就是对一切秩序和结构的消解。后现代主义最积极的贡献是不满足于稳定的、陈述式的基础，而极力地寻求类理解的阐释性基础。这样一来，现代主义充分地注重事物的表面，而后现代主义则不断地破坏事物的稳定，以期更充分地揭示各种可能的意义。

## 二、重视个体的差异性

现行的体育课程教学评价指标和标准都是由学校学术委员会或院系部学术委员会组织专家制定出来的，或者是沿用以往传统体育教学评价指标，按照统一的标准进行评估和建设，忽视学生对指标的总体感受，也没有针对不同学生提出有所不同的标准要求。必须看到，用统一不变的评价尺度来应对始终处于变动中的、复杂的教学体统和学生系统，在获得单一确定结果的同时，丧失了多尺度观察学生以更全面理解他们的可能性，而实际上，由诸多因素体现出的个体差异不同的学生，在通过体育课学习之后，就个体的体育素养发展水平来说，谁好谁不好并不能从现有的评价体系中体现出来，而在今后的人生道路上谁更能坚持终身体育，也是很难准确确定的。我国高校体育教学评价评估指标的确立都是围绕教学活动展开的，这种统一化思维与后现代课程评估的指导思想是格格不入的。高校体育教学要在时代过程中积极建立起综合性的关照学生社会情感、个性化培养、自我发展能力、独立创造性等多元化转变与促进发展的教学评价系统。

后现代理论提倡多元化、异质性标准，主张同一种事物从不同的标准、不同的角度来考查评量。体育课程的教学评价，应着重于评价学生知识的应用与方法的获得；应该着重于评价学生技能的掌握；应该着重于评价学生知识获取与情感态度、价值观的培养。各个不同体育项目在教学方法、教学目标等方面以及相应的硬件、软件建设都有不同的要求，从而体现各个项目课程的特色，这样才能更好地满足个体差异的各种所需。

美国学校体育教学评价研究的总体思路是：淡化评价结果，重视评价过程。当学生参与的是改造过的和潜在性的活动时，教师应该对这些学生的活动做出水平的描述和判断。这些评价指标体系众多，没有统一标准，而且有着不同要求，充分反映了美国高等教育的个性化发展的特征。他们将体育课程教学评价表按教学组织形式分为小班教学、大班教学、讨论教学、问题教学、实习课、实验课、测验课和远程教学等，每种评价表都有30多个评价项目，既有共性指标，也有个性要求。这些方法共同的特征就是培养学生对所学知识和技能的实际操作和运用能力，注重多种能力的综合评估。特别关注的是，在健康测验中主要涉及与健康有关的体适能，而不是与提高竞技运动成绩有关的体适能，并根据学生获得的分数来设定具体学习目标，评价学生通过学习是否有所进步。

后现代课程文化具有多元性、自组织性的特点，要求在课程组织中倾听各个方面的声音，关注知识的非稳定性、非连续性和相对性以及与个体经验的相互作用，要求打破现代课程的那种一致性和权威性，要让更多的变化进入到课程中，利用疑问、干扰使课程变得丰富且富有意义。在教学内容上，反对注重教育结果而注重过程和情境的课程。课程不是急于把“真理”交给学生，而要注重教学过程，注意学生在过程中所体现的兴趣和激情，后现代主义不再假定有一个绝对支点可以用来使真理和秩序合法化。在课程设计上，少一点绝对的真理，多给一点学生自由想象的空间，因此，要的课程和教学更有助于学生创造能力的培养。这样根据不同项目的差异性和个体差异，来构建不同的评价指标体系和标准。

## 三、强调自我评价

在传统的教学中，要求学生统一、整齐，让认知、智力、情感、基础、经验完全不同的学生在同一时间、同一空间，按同一进度、同一内容学习，并以同样的标准评价他们。受传统体育教学思想和评价观念的影响，对体育教师教学的评价，依据的理念是体育教师在课堂教学中的组织教法、教学效果、教学仪态等单层面的基本要求，而没有把培养学生的素质与能力作为评价指标之一，从而忽视了对学生学习活动和课堂气氛的关注。

在现代教学中，教师和课本处于中心的地位，成为教学权威。学生被排除在评价主体之外，不利于学生创新能力和创新精神的培养。在所有评价主体中，学生作为体育课程的主体，对课程的开发、实施和建设有着无法替代的作用，它是学生表达课程需要和实现价值理想的主要途径。高校开设的体育课程是否满足了学生的学习需要和兴趣，无疑学生是最具有发言权和话语权的评价主体。后现代主义呼吁，教学关注边缘文化、边缘学科以及学生自身的自主性，开放教学的边界，解放学生的个性，就必须去除这种教学权威。即使有权威,这种权威不再是超越性的、外在的、而成为共有的、对话中的。

后现代人文范式的课程评估主体不再是上下层级关系,而是平等的、非线性关系。在整个教学评价过程中,也让学生参与评价过程,使教师更能全面地认识学生,得到更为合理的教学评价内容。后现代范式的课程评估应以学生的需要为核心,满足学生的需求和让学生满意是课程评估的重要标准。以满足学生需要为核心的学生个人标准实际上是一种满意标准,这种标准不仅要满足学生明确提出的课程需求,还要满足学生隐含的需要,教师在自评中要特别重视这方面突破性的构建。教师在自评中,要严格遵循“教者必以正”,孟子认为,真正的教育并不是机械化的知识传授,而是教育者以身作则,建立典型示范,受教者则真诚地学习模仿这种典型。

后现代主义提倡在教学过程中把学生看成是完整的人,而绝非一个同一的人、标准的人。不同的人需要不同的教育,反映在教学上就是个别化教学,注重差异性。在教学过程中,教师要下放一定的话语权给学生,让学生在看待问题时,超越单一的视角,从权力话语的桎梏中解放出来,给予学生与教师平等对话的权力,让学习不再是接受,而是建构。大学生在大学期间最关键的不是记了多少知识内容,而是通过课程是否提高了审美情趣和社会道德修养,是否培养了健康的情感和态度,是否树立了正确的世界观、人生观和价值观。

## 第三节　后现代主义视域下高校体育教学评价模式探析

后现代主义教学理念认为世界是多元的,每个学习者都是独一无二的个体,教学不能用绝对统一的尺度去衡量学生的学习水平。同时,在教学过程中不能把学习者视为单纯的知识接受者,而应该看作是知识的探索者和发现者。因此,从后现代主义的视角看来,体育教学评价不仅要注重学生学习知识的结果,更要注重学生分析问题、解决问题和探索真理的活动过程。帮助学生发现自己的优点和不足,了解自身学习、能力和身心发展的状况,激励自我完善和发展。对学生评价的主体也不仅仅限于教师,主张评价主体的多元化,以对话的方式来消除分歧、得出结论。同时,评价者要亲自进入评价现场,参与到评价对象之中,取得评价对象的信任,并与他们建立良好的关系，利用参与观察、行动研究的方法收集信息资料。以这种资料得出的结论由于其真实具体，切合被评价者的需要而易于被评价者所接受。“只有体育教学评价的合理性才能保证体育教学改革的顺利进行，高校对体育教学评价的实施是非常重要的。”①

以后现代视野来进行体育教学评价，无疑是解决传统体育教学评价种种弊端的科学选择。然而正如后现代主义强调生成性、反对一统化一样，希望给出一个完备的后现代主义评价精准模式显然是不可行的，也相悖于后现代的思维方式。因此，后现代视野下的体育教学评价模式是因人而异、因教师而异的，需要不同教师在领会后现代思想的基础上，在与学生的互动中生成具有个性色彩的体育教学评价模式，形成多元化的体育教学评价模式。

## 一、个性化评价

每个学习者都是独一无二的个体，是具有个性化和自主性的。要让每个学生思维活跃，不局限于常规，应常在行为和思想上有作为，使自我技能不断地提高。这种形式的技能掌握不会只有一次，而是会重复发生的，具有创造性、强调自主性，使学习过程成为充满活力和主动解决问题的实际过程。学校体育教育者应目标明确，不刻意拔高，强调学生的主体地位，所采用的教学方法都应是调动学生参与意识，激励其主动学习，注意学生团队精神的培养。做好个性化评价，体育教师在教学过程中应做到以下方面：

第一，合理的运动实践。让学生树立对身体活动的正确态度，对教师指导的思想加深理解，培养学生的个性有助于其兴趣的培养。

第二，模拟教学中的角色互换。在教学中分组进行学生与学生之间的模拟教学，加强学生的情感体验、提高身体活动的努力水平，增强健康知识，激发其学习的积极性和培养创新思维。

第三，计划一定时间段中做一次健康测试。这里强调教师的主观定性评价，主要以个体不同能力的提高水平进行评定，从而使学生受到不断的激励。

第四，书面评价（评价自我、评价教师）。通过言语发表，让学生有清醒的自我认识，自我需求、自我发展目标；对教师的评价可促使更好的教学互动，让教师有明确的教学引导方向。

① 席羽．新教学理念下高校体育教学评价实施现状的研究[J]．教育现代化，2016，3(05)：186－187＋192．

## 二、自我发展评价

孟子提倡的“深造自得”与后现代主义的自主性相似，都体现了学生的自主性，反对“教师”中心、反对“教学方式”统一。教师要积极提倡学生加强自学，变灌输为自学为主体一致。孟子认为知识的学习，并非从外而来，必须经过自己主动自觉地努力钻研，才能彻底领悟。这就是说，要重视学生自得，自觉得到的知识才能成为自己的知识。全面地认识学生，使学生不再受传统教学中的强制和束缚，教师要不断依据学生各自的文化背景、家庭背景、知识背景等多方面因素进行多向度、无限量的体育素质养成。

学生和体育教学系统在开放的前提下，以内部的竞争与协同为双重推动力，表现出跳跃式性的发展趋势，这是任何外在力量所不能完全掌控的。但要提及一下，新的教学理念并不是完全否定外部的因素，外在环境予以提供教学演进和学生发展的条件。在体育教学过程中，学生与教师都是主要组分，两者具有同等重要性，只有两者有效协同，成为建设性因素，创造者才能不断顺利地进行过程演化。不同的学生有着不同的需要、态度、能力、兴趣，教师在因材施教时要做到以下方面：

第一，改善学习的评价，这是一种形成性（自我发展）评价，它伴随课程学习的始终，以自我为参照基础，要求学生了解已有的基础，明确学习目标，并知道如何缩小达到目标的差距，它应成为今后促进学习质量提高的主要评价方式。

第二，参与合理的运动实践，使学生喜爱运动，理解身边的健康安全问题，设法增强健康和提高身体素质，通过体育来实现自我价值，强调参与体育过程中的自律性、自立性和创造性，使学生树立起愉快而明朗的生活态度。

第三，发挥自身作用的个体自治，包括自主决定、自我实现、自我指导，自我调控。这些是在教学过程中通过实践活动不断完善的。

第四，学习运动技能的同时，更重视学生的学习态度和运动参与，要全面认识学生，知道他们的需求，逐步实现以客观的绝对评价、自我差异评价为主，辅之以相对评价的评价方式。改变单一的终结性评价模式，更加注重形成性（自我发展）评价。体育教学评价模式也应是在形成性评价的基础上进行终结性评价。

## 三、多元化评价

整个教学过程在形成良好互动的，相互依赖、共同发展的师生和生生关系中，更多体现为一群个体在共同探究有关课题的过程中相互影响与合作，使教学过程更为组织紧密、结构合理、信息流畅、发展迅速的超循环促进功能的状态。在这种状态下，每一个个体发挥自身作用的个体自我调控，因为每一个要素优点都被利用，相互增进，而不适应的实体不得不改变自身、努力调节。学生发展具有多种可能性，是多方向的、可选择的。教师要想实现培养目标的多元化，在人才评价标准方面就必须相应做到多元化，充分尊重学生成长发展的自我选择权力，鼓励学生在规范的前提下弘扬个性，使各种各样的学生都能拥有生存和发展的广阔空间。

在后现代主义的思想影响下，人们对学生的认识发生了根本的改变，在教育教学评价中更加注重过程评价，从关注结果转向对过程的关注，从生成、反思、转变的角度来考查学生在各方面的变化。后现代理论打破了二元对立的思维方法，提倡质化评价和量化评价的整合，这样能更有效地建立具有促进功能的教学系统。

在注重教育的基础上，柏拉图主张注重人的素质的全面提高，包括人文知识、自然科学知识、辩证法哲学和思想品德等，这可以看作是通识教育的起源，它们都着重于人的培养，而不是知识或技能的单方面传授。在教育过程中，柏拉图强调要实现理论和实践的结合。这就要求体育教师要善于点悟、启发、引导学生，引导学生心思凝聚、学思结合，从一个理念到达另一个理念，并最终归结为理念，对学生个体的发展就是促进功能作用。教学中要把握好如何起到促进功能的教学方式应注意以下方面：

第一，注重对学生心理的锤炼。社会中的人在实践中只要先立志确定"本心"就会自然形成重建"自我"的主体性。多鼓励学生参加具有自身挑战性的体育活动、有协作性的团体活动和体育运动竞赛，让其在体验心力考验、团结协作、激烈竞争中感受到不言弃、不放弃的拼搏进取精神，培养光明磊落的品质和协作精神。高校学生要多参与各种体验活动方可更好地历练心智，形成完全的自我调控的自治能力。

第二，激发学生主动学习的积极性。通过体育教学和体育活动不仅提高运动技能，同时更要激发主动学习的积极性，注重发展思维能力，强调探讨事物的本质，培养创新思维，实现自我创造性。

第三，营造和谐的体育教学环境。让体育教学为开展创造性、多样性和自觉性的体育活动创造条件，使每一个学生真正地参与，培养学生把体育基础科学、保健、各种安全知识应用于体育运动和实际生活的能力，逐步使体育生活化，让学生对体育活动的兴趣更加浓厚，热爱体育运动，并形成终身体育的思想。

后现代主义下的课程模式是一种预先有目的、有计划、有程序、强加给教师和学生的元叙事式的课程模式，其目的在于使年轻一代接受现在社会的基本价值观和知识准则，无视社会价值观的多元化。后现代主义者主张多元、差异、开放、平等、创造，反对中心、等级、统一、封闭、基础。从积极的意义方面来理解后现代主义理论，对我们来说是有益的。在当前科学化发展的时代看来，新观念受质疑的重要原因则是：一是语境自我体系并不完备，还缺乏强有说服力的理论支撑；二是当前体育系统所处的社会环境使然，传统观念根深蒂固。

后现代主义思潮的出现正是一种更强有力、更能反映丰富多变的复杂世界观的科学观和宇宙观。体育教师作为教书育人者要明确时代在发展，不同时期对教学评价的不断反思与批判，有利于教学及教学研究蓬勃而自由地发展，而且有利于开拓教学研究的新领域。从而使教学研究的内涵更加丰富，外延更大，有助于教学实践和教学研究的更好开展，有助于催生出反思型、专家型的教师，积极型、主动型的学生，创造型、新颖型的教学。

## 四、平等对话交流式评价

对话与交流可以使教师与学生吸引到共同的目标，使体育教学成为了共同参与、合作和创造的过程，也使信息多向性地交流起来，为新信息的产生创造条件的同时，也为体育教学的发展提供了动力。平等对话交流式的教学实际上是一种双向信息交流的超循环现象。在这种现象中，教师要有明确的自我认识：将自己看作是与学生平等、相互联系的统一循环链条上的实体之一，认识到自身的工作并不在于控制教学过程，而是要维持和发展这一过程并作出能量与功能上的贡献；优化教学过程中的信息传递模式，教师并不仅仅是信息的给予者和发布者，也是听从者和接受者，要反馈教学过程；教师处理好与学生之间的关系对实现双向交流起到举足轻重的作用；适时应用外在因素（但不是绝对的）也能有效促进教学活动。体育教师应有效实施平等对话交流式的教学方式，具体如下：

第一，教师要主动认识了解学生。后现代视角下，教师的工作并不在于控制教学过程，而是要维持和发展这一过程并作出能量与功能上的贡献。

教师在教学中要不断深入认识学生的个性特点、能力水平、个体差异性的文化环境背景等，做到师生之间和生生之间的融洽相处。教师严格自己的工作要求，适时做好相关资料的记录备案，以配合良好进行的教学互动。

第二，平等相互的共同讨论，优化教学过程中的信息传递模式。体育教学中，学生和教师要共同参与项目，互相学习、切磋，身心愉快，再进行共同的讨论、互相激发、共同探讨参与体育活动的价值性问题。

第三，和谐自然的对话交流（学生评价教学），形成和谐的气氛有利于促进学习效果，树立学生学习体育的信心，也更能体现出学生评价教学的功能作用。

# 第六章 “互联网+”视域下高校体育教学工作与平台建设

## 第一节“互联网+”与体育教学工作的融合发展

### 一、“互联网+”与体育教学工作融合的影响

#### （一）对教师产生的影响

第一，“互联网+”应用有利于转变传统的教育方式。传统教育中的师生关系，教师总是作为教育主体，而学生大多数时间都处于被动的状态。利用了“互联网+”的模式，适当解放了教师，并提高了学生的主动性。学生和教师的关系更加融洽，减轻了师生双方的压力。教师更多扮演的是辅导者的角色，帮助学生学习。

第二，“互联网+”在体育教育上的应用有利于加强教师队伍建设，有利于提高教师的质量水平。在传统教育中，教师通常只专注于自身的专业课程，而对课程之外的内容缺少关心，社会是不断发展的，作为教师更需要注重社会的发展，不断加强自身建设，充盈自己的知识体系。而“互联网+”的模式无疑就为教师和学生提供了更广阔的渠道。

#### （二）对学生产生的影响

第一，影响学生的知识获取来源。网络信息量巨大，学生可以在网络中获取到任何自己想要的信息，但有可能需要通过大量的搜索。而“互联网+”的产生，则减少了学生的搜索量，它通过首次筛选，将学生有可能需要的信息筛选到了网站中，确保学生能够准确地获取到知识。

第二，培养学生的兴趣，加大“互联网+”在体育学科教育中的应用。这不仅仅是对传统教育方式的创新，也可以培养学生的自主性和独立性，在网

站多种信息的充斥下，学生可以加强互动，从而培养其学习兴趣。除此之外，通过“互联网+”的体育学习，可以帮助学生培养学习习惯，实现终身学习的目标，对学生的身心发展有着重要的意义。

## 二、“互联网+”与体育教学工作融合的优势

第一，云平台给予海量的学习资源。云平台有着飞速的上传速度，可以实现动态的更新，相关学习资源如图片、文档和视频等都是非常丰富的，其教育资源的属性是动态的，而且与时代同步，是一个非常便捷的教学平台。当代的师生都是互联网的忠实用户，网络中有他们所需的各种教学资源。无论学生处于何种教育环境下、拥有怎样的社会地位，只要有一颗对学习充满热情的心，就可以利用网络获得想要的学习资源进行不断的学习，而这正是网络学习所拥有的公平性。

第二，大数据学习分析技术助力于学生需求化教学。教育界在当下非常热衷于研究以大数据为基础的学习分析技术，它会收集、整理和分析各种数据，对学习者的整个学习过程进行全方位的认识、监测和预测，及时找到存在的问题并且对教学策略进行调整，这也是当下教学活动中常用的一种手段，要想有效解决体育教学过程中出现的问题，就可以通过学习分析技术来实现。学生的所有学习行为都在教师的监测之下，教师可以及时发现学生遇到的难题，全面掌握学生的学习情况，同时以此为基础对教学策略进行相应的调整。

第三，移动互联网智能终端设备助力运动技能学习。发达的移动互联网让每个人都拥有了手机。截至 2021 年 6 月，我国网民规模为 10.11 亿，较 2020 年 12 月新增网民 2175 万人，互联网普及率达 71.6%，较 2020 年 12 月提升 1.2 个百分点。各种各样的应用软件也横空出世，所构建的网络资源平台中集合了图片、视频、声音、动画、论坛等不同的形式，学生学习也因此不会再受到时间和空间的制约，能够充分利用碎片化时间进行学习，使学生实现了自主学习。移动互联网智能终端设备也让师生能够进行实时的交流，为学习提供了便利。

第四，物联网有利于学生的自主探究学习。物联网可以智能管控物品，这种网络技术是基于互联网同时通过全球定位、射频识别（RFID）以及红外感应等信息传感设备实现的。物联网与校园设施的相互结合依靠的就是宽带网络校校通。学生在 RFID 标签和校园智能卡系统的结合下能够享受到一个很好的运动环境，让学生有了更广阔的探索和活动空间，激发了学生的

学习兴趣。学生的所有学习情况都能够通过后台让教师看见。而教师在进行教学评价、管理和考核时则可以通过RFID技术实现不断地创新，从而不断提升教学活动的质量与效果。

## 第二节 “互联网+”视域下高校体育教学工作的运行机制

随着移动互联网的快速发展，我国已经进入信息化时代。下面运用SWOT分析法对“互联网+”背景下体育教学的长效运行机制进行研究。SWOT战略分析法中的S代表strengths（优势），W代表weaknesses（劣势），O代表opportunities（机遇），T代表threats（威胁），在综合分析这四项之后进行总结，利用内外相结合的方式明确被分析对象存在的优劣势，清楚对象的所有挑战与机遇，同时调整战略与战术，并且保证充足的资源，从而让被分析对象实现最终的目的。通过SWOT分析法能够对一个单位的真实情况进行准确的评估与分析，这种方法也被称为态势分析法。

### 一、“互联网+”背景下体育教学发展因子

#### （一）优势因子

第一，实现体育教学资源的共享。体育教育在“互联网+”这个大环境下不会再受到体育教育资源配置的限制，让体育教育在共享的同时更加的开放和透明，能够科学、合理地配置各种体育教育资源，保证了体育教学水平的稳步提升。在互联网的帮助下，体育教育资源可以被更多的人所使用，而且成本不高。

第二，促进体育教学公平。在“互联网+”这个大环境下能够利用网络将体育教育资源输送给边远贫困地区，让这些地区的学生能够同样享受到体育教育资源，促进教育的公平。

第三，促进受教育者终身学习和终身体育的实现。体育教育在“互联网+”这个大环境下不会再受到时间和空间的制约。提供更多的资源并不是互联网教育的重点，它是为了实现个性化教育。体育教育能够通过互联网实现学习的社会化和移动化，不再受到时间和空间的限制。受教育者能够从自身实际出发学习体育，学习符合自身需求的体育知识，让受教育者既能

够达到终身学习的目的,又能够达到终身体育的目的。

### (二)劣势因子

(1)“互联网+”背景下体育教育课程内容的固定化。固定化是互联网体育教育在课程内容方面呈现出的特征。有些网络体育教育视频课程并不具备灵活的特征,这会让教师无法设置具体的课程内容,即使学生能够反复地观看,也仍然会有相同的教学内容下出现不同学习效果的现象。

(2)“互联网+”背景下体育教育的学习效果难以保证。我国的体育教育在当前“互联网+”这个大环境下仍然是初级阶段,还需要进一步开发各种互联网体育教育资源。此外,尽管网络上有着丰富的信息资源,但却非常混乱,还会出现不良信息,这就意味着学生要学会判断这些信息,同时保证自己不会受到不良信息的侵害。相比于传统的学校教育,教师和家长常常无法全面监管学生在网络上的学习,所以很有可能达不到应有的学习效果。

(3)“互联网+”背景下体育教育难以达到传统教育的深度。体育教育在输送知识的同时还传承和发扬了体育文化理念,这是精神层面的价值,而更新教育内容、创新教育方法是互联网体育教育的重点,但它并不注重民族精神与心灵素质的培养,也不注重人文精神和道德方面的提升,更是忽略了人的沟通与交流,所以与传统教育所能达到的深度相去甚远。

## 二、“互联网+”背景下体育教学运行战略

### (一)体育教学的SO战略

SO战略即增长型战略,是一种发展内部优势与利用外部机会的战略,是一种理想的战略模式。

(1)传统与现代模式相结合。体育教学在充分利用“互联网+”的同时还要结合传统的体育教学模式。教师的言传身教是任何技术和软件都不能代替的。因此,对体育教学中的精华要进行保留,同时利用信息技术提升其中低效的部分,保证学生可以顺利地进行体育教育,使学生既能够达到终身学习的目的,又能够达到终身体育的目的。体育教学在“互联网+”这个大环境下会得到相应的改变,但这种改变并不是颠覆的,还是会保留现有的体制。传统体育教学有很多优点,互联网体育教学要做的并不是完全取代传统体育教育,而是要吸收其精华不断发展自己。

(2)尊重学生的个性化与多元化发展。体育教学在“互联网＋”这个大环境下要始终以“育人”为最终目标，不能将重点都放在技术上，而是要在体育教学中融入“互联网＋”的思想，使其充分地服务于体育教学。大数据分析、云计算等都是这种模式使用的技术，要建立体育教育信息化平台，其中不仅要有丰富的、前沿的体育教学资源，还要有大量充满个性的应用资源。每一个学习者都能够通过这个平台满足自身的需求，从而为体育教学营造一个智能化的环境，促进教学的信息化，在推动学习者发展的同时帮助他们加速构建知识体系。

智慧教育要依靠以大数据为基础的数据挖掘技术和学习分析技术。平等、开放、共享与自由是互联网所具备的特征，利用数据和计算将其与教育教学的本质规律相结合，形成对学习者、课程、学校、教育政策、机制体制等体育教学相关因素的定位和作用。

### (二)体育教学的WO战略

WO战略是战略制定指南之一，是以SWOT分析揭示短处和威胁为基础，使所制定的战略符合避短或补短、最大程度利用机会的要求。

(1)加强与教学的深度融合。构建资源平台、课外培训等是当下互联网体育教学机构针对体育教育教学外围领域的布局，但这并没有触碰到其核心。体育教学在“互联网＋”这个大环境下要做到以学生为本，在充分结合学校体育教学的同时进一步融合体育教育教学。教育就是要让人从境界、思想和深度上都发生改变，用自身的发展去推动社会的发展。满足教与学的刚性需求可以成为在线体育教学的一个重要切入点，在课堂体育教育教学过程中充分地融合现代信息技术，让学生实现个性化学习，全面发展素质。要想彻底地改变当前的体育教学生态，就要保证互联网技术可以深度地融合体育教育教学。

(2)重视体育教学信息化建设。体育教学信息化的重点在于保证教学的高效性，将体育教学结合现代技术，改变之前的常态教学，但这并不是完全代替传统的生态环境。政府可以积极地引导体育教学信息化，使之与学校和企业进行深入的合作，共同完成研发的工作，真正地以师生的刚性需求为出发点，让体育教学实现与现代信息技术的进一步融合。

### (三)体育教学的ST战略

ST战略是战略制定指南之一。以SWOT分析揭示的企业的长处和威胁为基础，使所制定的战略符合充分发挥长处、回避或最大程度消除威胁的要求。“互联网+”背景下体育教学的ST战略如下：

(1)促进区域的协调发展。努力实现体育教育公平，让校际之间、城乡之间以及区域之间的数字化程度基本持平，将突破口放在基础体育教学上，给予农村学校项目、政策、资金等方面的大力支持，让体育教学资源通过信息化手段不断加大覆盖面。进一步监督与指导农村学校，保证信息化项目资金真正落到实处并发挥作用，不断提升体育教学资源的利用效率，保证各项设施真正为体育教学所用。

(2)培养“互联网+”背景下体育教学的复合型人才。传统的体育教学会因为互联网而发生形态上的转变，但这种新机制是体育教学本身无法全面适应的。体育教学领域在当下所主张的“互联网+”最注重的就是人才。所有的事业都需要人才。符合“互联网+体育教育”的人才要满足两个要求：一是具备良好的互联网专业能力，二是自身的业务能力要过硬。在传统教育领域中，有不少人才都有很强的教育业务能力，但拥有互联网专业能力的人才基本都出现在互联网创业公司中，这两个行业都应该吸纳自己没有的人才，从而使人才结构得到不断的完善。

### (四)体育教学的WT战略

WT战略是战略制定指南之一。以SWOT分析揭示的企业的短处和威胁为基础，使所制定的战略符合避短、避威胁或补短、最大程度消除威胁的要求。“互联网+”背景下体育教学的WT战略如下：

(1)尊重体育教学规律，坚持体育教学本质。在实施教育信息化的过程中应注意：①学科知识是技术始终不能替代的，知识的规律是教学必须要遵循的，这点同样适用于体育教学，不能舍本逐末；②要时刻注意获取知识的手段，体育知识具备的特征是使用一切技术方法的出发点。

(2)体育教师要转变思想。可以通过培训和推广案例来加大宣传力度，让教师在教学中可以充分地使用信息技术。只有校长和教师加速转变传统的教学观念，进一步融合科研评价、教学活动、与推广培训，才能得到互联网体育教学信息化产品。体育教学在“互联网+”这个大环境下可以催生出一种全新的体育教学模式，而它所带来的积极作用和消极作用都是人们要充分思考的。体育教师要用辩证的眼光去看待，同时对其进行不断的探索和研究。

体育教学在“互联网+”这个大环境下是一个全新的改变，其优势是传统学校课堂教学所没有的，但仍存在不足之处，虽然传统教学在当下还有很多缺陷，但也无法被互联网教学所取代，“互联网＋”背景下的体育教学应当用取长补短的方式来共同建设我国的体育事业，使其得到飞速的发展。

## 第三节 “互联网＋”视域下高校体育教学的多维度探析

### 一、移动学习视阈下的高校体育教学

#### （一）移动学习视阈下体育教学资源设计的原则

第一，系统性与具体性相结合的原则。系统性和具体性的统一，是判断体育教学系统是否完善的关键标准。在长期教学实践中得出了一个重要认识，即教育必须有序、有目的地稳步推进。体育教学系统的设计思路也需要遵循这一原则，必须先树立一个明确的目标，然后将整个行动分解成为一个大目标服务的诸多小目标。此外，采用稳步有序的教学方式还有一个好处，那便是可以帮助学生获取更深入完整的知识体系，帮助学生获得更清晰的认知能力。因此，兼顾具体和系统两种特性，将教学的大小目标有机结合，对不断改进体育教学质量而言，十分必要。

第二，实用性与先进性相结合的原则。实用性与先进性是建设体育教学平台中首先需要考虑的两个特性。实用性能够为体育教学，尤其是训练教学提供保障；而先进性则需要更前沿的教学思维，在满足实用性基础上不断进行创新。只有将二者结合，系统才能发挥最大功效。在实际操作中，可以采用科学的方法使教学安排兼具两种特性，即总体规划、按序执行，以便保障所设计系统的整体性与独特性。同时，通过对用户界面进行美术设计、操作逻辑优化，还可以有效提高系统对学生的吸引力。

第三，多样性与针对性相结合的原则。学习群体是一个庞大的群体，群体数量的庞大，意味着群体多元性的突出，这种多元性也可以被称为多样性。多样性这一概念通常有两个含义：①强调个体学习者的独特性；②强调一个大群体中各个小群体的差异性。显然，要进行有效的移动体育教学实践，必须充分认识两种多样性带来的影响。

与多样性相对的概念，是针对性。针对性强调从资源层面满足不同群体学习者的学习需求，并为他们提供优秀的教学内容。只有两种特性相结合，才能做到因材施教。

### （二）移动学习视阈下体育教学资源设计的策略

1.教学内容设计

（1）教学资源要以学习需求为基础进行设计。针对性是设计者在考虑提供哪些移动体育资源时的重要标准。系统所提供的资源，一定要能够解决学习者的需求，真正帮助学习者解决问题。为了达到这一目标，必须通过深入调研，清晰而全面地掌握学习者的学习需求。如在游泳课程中，应该对不同基础的学员设计不同的方案：对初学者，需要重点培养水感，先教会他们踩水、换气等基本技能；对有一定基础的学习者，则重点在于纠正他们的泳姿，改掉他们某些过时的技巧。总之，要做到具体问题具体分析。

（2）教学资源的设计应当符合体育教学大纲。虽然移动学习资源在许多方面都表现出不同于传统学习资源的独特性，但归根结底，仍是提升学习效果的一个手段，是为了提升学生的整体素养，而不是为了自成门户。因此，移动学习资源的内容应该符合教学大纲的规范。在此基础上，必须从大纲出发，思考教学资源的实用价值，根据大纲要求，选择能够使学生获利的教学内容。如在游泳教学资源方面，如果不能按照游泳大纲教学，则学生可能跟不上下一个阶段的训练。所以，只有严格遵循大纲内容，才能实现真正的进步。

（3）不同的学习内容应采用不同的媒体呈现方式。不同的媒体有不同的特性，能够适用不同的场景。例如，视频能够呈现连贯动作，而图片则适用于动作讲解。因此，在安排不同的教学资源时，要充分考虑每种媒介的使用范围，根据实际需要选择合适的媒体表现形式。此外，一些媒体，如超高清视频等，对手机的性能要求较高，难以适应全体学习者的学习需求。所以，教师在选择媒体时，不仅要考虑对应的资源内容，还要考虑这种媒体应该以怎样的形式展现给学习者。只有这样，才能使资源惠及更多的学习者。

2.媒介方式设计

（1）选择普适性的媒介。媒介对移动教学资源传播的重要不言而喻，选择尽可能影响力大的媒介，成为了必然要求。选择市场占有率高的媒介的优势在于，学习者适应这种媒介的成本低，在很多时候甚至完全不用付出额外的学习成本。

（2）选择内容表达丰富的媒介。除了媒介的普适性，内容的丰富性也在需要考虑的范围内。得益于移动资源的呈现方式，声音、视觉、声视交互也可以被添加至移动媒介中。因此，把握好移动媒介的优势，有机结合各种视觉、听觉甚至触觉资源，可以丰富内容表达形式，打破传统单一的语言输出模式，使学习成为一件更有趣的事情，只有这样，才能进一步提升学习者的学习效率。

(3)选择方便的学习交互媒介。交流是最高效的学习方式。通过交流，学生可以迅速找到解决问题的途径，从而更迅速地找到答案。因此，对媒介的选择也需要考虑交流的重要特性，应选择便于学习者互相交流的媒介。现在许多媒介，如QQ、微信等，可以通过建立社群的方式将拥有共同话题或共同课程的学生聚集在一起，便于其积极交流思想，碰撞火花，从而提高学习者的参与度。此外，交流的便利也将使师生之间的界限大大弱化，有利于学生与教师之间的交流。

(4)选择使用方便快捷的应用。无论是QQ还是微信，都有着十分友善的操作逻辑和操作界面。同样，在设计教学资源时，首先需要考虑的不是"炫技"，而是提高易用性，减少学习者的软件学习成本，让移动学习尽可能地适用于更大的学习群体。

所以，对时下流行的应用软件进行再开发，如使用微信小程序，比单独开发一个新软件要高效得多。首先，微信拥有庞大的客户群体，这一群体早已习惯在微信上分享各种信息；其次，微信小程序的存在给各类二次开发应用提供了极为友善的土壤，极大地提高了软件的开发效率，更方便资源设计者灵活地为学习者提供各类资源。

目前，终身学习已经成为社会的一个风尚，从某种程度上来说，终身学习是社会发展的必然需要。要实现终身学习的目的，必须依赖基于现代技术的教学资源设计，通过微信等媒介手段，将教学见缝插针地融入学习者的碎片化间隙中，从而提高学习者的知识接受效率。需要注意的是，现代社会的知识学习者大多习惯接受消息型知识，因此，建立科学的教学资源模型，推送适应现代学习特点的教学资源便显得非常重要。

3.内容包装设计

要做好内容设计，最重要的是树立整体化思维，这需要在教学资源设计的全过程中贯穿整体意识，搭建足以概括全局的框架，然后对构成框架的各个节点进行设计，确保学习者可以顺畅地通过每个节点的学习达到最终目的。只有巧妙地将每一个节点融入构建框架的体系中，才能真正发挥整体的思维优势，完整呈现全部的教学资源。在这一过程中，以下尤需注意：

(1)界面。界面是学习者接触学习系统的第一印象，也是展示学习资源的唯一平台。因此，好的界面对学习系统的重要性不言而喻。一个优秀的界面不仅可以给人以视觉愉悦，还可以提高学习者寻找知识的效率。

(2)导航。导航，即引导学习者按照资源设计者的思路进行系统化学习。要达到这一目标，必须要让学生尽可能地沉浸在学习过程中，而提高学习者的参与度，也是评价一个学习导航优劣的重要标准。除此之外，导航还可以让学生一目了然地看到自己将能达成的学习效果，提高对学习的目标感。

(3)媒体。合适的媒体可以让教学效果事半功倍。只有针对实际情况，有的放矢地选择正确的媒体，才能将资源设计者的真正想法以更有趣、更具吸引力的方式呈现给读者。

4.课程编列设计

为了完成一个大阶段的整体目标，必须设计每一个步骤要完成的小目标。尽管不同的课程总体要求不同，但在编制课程时，都离不开确定目标、实施计划和完成计划三个步骤。通过将学习目的与学习过程有机结合，再加上对学习者学习历程的记录，学习才能变成一件充满参与感的事情。在这样的持续学习活动中，学习者不仅可以直观地看到自己的学习进度、成长过程，还可以通过海量数据找到自己需要的学习资源。

5.教学测评设计

移动体育教学离不开考试，这也是对学生学习成果的检验。当然，移动教学的考试自有其系统，称为评测。评测的目的虽近乎于考试，但比考试更为轻松，甚至很多时候，这种评测需要学生自主完成，且评测内容不像考试一样死板，既有系统性，又有随机性，还强调互动性。因此，评测比考试更能激发学习者的参与感。评测也在移动体育教学领域中扮演了重要的角色，若能善用评测，则可以极大提高学生的体育水平。

## 二、多媒体视阈下的高校体育教学

### (一)体育教学中的多媒体技术的特征与作用

1.体育教学中的多媒体技术的特征

(1)多维性特征。多维性是多媒体技术处理信息和增大空间的能力。这种多维性可以加工和改变输入的信息，加强输出信息的表达方式，更加突出输出效果。高校在进行体育教学时，通常会使用多媒体技术，不仅可以让学生学习到基本的文本知识，还能使其更仔细地研究图片。在多媒体技术的帮助下，学生能够更仔细地看清体育教师的各种体育动作，使教学效果更好。

(2)集成性特征。集成性是指把不同的信息结合，如将声音、文字和图像等信息组合起来，从而促进多媒体技术的完整性，丰富信息内容。除此之外，多媒体的集成性还指对有关多媒体产生的信息进行处理的各种设备集成，会集成和视频、音响等有关的设备。总之，多媒体的集成性是在各种设备上组合各种多媒体信息，同时，处理复杂的文字、声音和图像等信息。

(3)数字化特征。数字化是指各种多媒体产生的信息都会被处理成数字的形式，并且这些数字信息会被存储在计算机系统里。多媒体技术依托于数字化处理，如在处理各种信息时，可以用矢量方式存储图形，用点阵方式存储图像，还可以把要处理的音频和视频用数字编码的方式存储起来，从而使多媒体技术得到广泛应用。

(4)交互性特征。多媒体教学技术的另一个性质是交互性，通常指人与人之间或者人和机器之间的交流活动。交互性是一种人和机器之间的交流能力，也就是多媒体的用户和机器之间的交流能力。在这一方面，多媒体系统与传统的音响、电视机不同。在生活中，人们会有不同的需求，他们可以随时检查多媒体系统，与此同时，用户还能够参与播放多媒体信息，可以自己组织多媒体节目。

2.体育教学中的多媒体技术的作用

在体育教学中，多媒体技术可以与动画、视频等结合，更加生动地展示出体育教学课程的内容。

(1)更新体育教学观念。随着多媒体技术的运用，体育教学过程中的人机交互活动和学生之间的交流也越来越深入，有效激发了学生的体育意识，促进了体育多媒体教学观念的发展。多媒体技术的应用，是将教学基础建立在以学生为主体的层面上，为高校体育教学方法的多样化和实践化改革创造了有利条件，也促进了学生学习思路的改变和创新。

(2)提高学生的学习效果。利用多媒体技术可以调动学生的感觉器官，如听觉、视觉和感觉，使体育学习的内容更加丰富化和生动化，也提升了体育教学的直观性和趣味性，可以帮助学生了解体育技术动作。

(3)提高体育教学的质量。体育课程的传统教学中更重视教师的教，并辅以一定挂图展示教学方法，实践课中也是以教师的讲解和示范为主要教学方式。而且受各种主客观条件影响，技术动作的规范化和标注化示范难度较大，体育教师无法帮助学生在短时间内形成正确的动作概念。高校体育教学通过结合多媒体技术，将对以上现状有一定的改善作用。体育教学可以借助文字和图片进行概念的形象化、具体化转变，并利用计算机完成高难度的体育技术动作示范和演练，从而有效解决体育教师在高难度动作上的标准化示范问题，提升教学效果和教学质量。“多媒体视野下体育教学以越来越多的现代化教育技术手段的参与，展现了其高科技性、学生学习经历接近并切身感受性、教师运用现代信息技术与其他技术的创新性、远程合作性等，为体育教学的开展，创设了更为高速、便捷的平台。”①

### （二）多媒体 CAI 在体育教学中的运用

1. 体育教学中多媒体 CAI 的运用优势

高校体育教学要结合教学内容和教学任务，更好地选择现代化的教学媒体，并合理运用。只要充分调动人体的多种器官，才能更全面地接受信息，同时，这也是采用媒体组合促进教学效果和质量的重要依据，并促进其有效性和持久性，为高校体育教学过程的不断优化创造条件。和传统高校体育教学活动相比，多媒体 CAI 高校体育教学具有如下优势：

（1）体育教师在体育教学时要充分利用系统的作用。现代化的高校体育教学中会大量运用计算机传授知识，因此，需要结合高校体育教学的具体情况加强人机对话，还要灵活运用不同的体育教学活动。

（2）加快建立学生的动作概念。在体育课堂教学中引入多媒体 CAI 应用，有利于提升教学效果和教学质量。比如，在讲解足球理论知识时，学生基本上都能够从理论上把握越位的概念，但是在具体运用上，难度较大。为了有效解决难题，体育教师可以通过画图的形式，帮助学生进行理论消化，并利用声像资料，帮助学生对越位产生直观印象，也可以利用不同方位的越位影像，刺激学生的感官体验，让学生可以更直观地感受理论知识。

（3）学生可以通过多种方式参与多媒体 CAI 系统，比如，自我检测、自我评价和自我学习等，而体育教师要正确掌握高校多媒体体育教学方法，这样才能将知识更准确地传授给学生，确保学生体育学习活动正常进行，并促进学生课后复习和巩固。

（4）不断激发学生学习体育的热情和兴趣。传统高校体育教学活动比较单调乏味，教学方式和教学手段也比较古板，无法调动学生的学习热情，

---

① 贾娟. 多媒体视野下高职体育教学改革新思路[J]. 教育与职业，2014(11)：141－142.

而利用多媒体 CAI 系统,可以使体育教学过程更加丰富多彩,具有一定的创意性,对学生的心理状态具有较好的调节作用,有利于激发学生的求知欲望,帮助学生提升学习效率。

(5)将教学进程反馈给学生,从而不断提高体育教学的效率和质量。传统的高校体育教学中,讲解跳远动作时,一般会从学生的不规范动作或不标准的动作进行指正,这种教学方法不能让学生充分地认识到自己的不足和错误,会使师生之间出现断层,因此,体育教师可以将学生的每次练习动作进行摄像,然后通过回放慢动作的方式播放给学生观看,让学生能够更直观地发现自己的错误动作;也可以利用计算机让学生观看完成得较好的动作,并让学生将其和自己的动作进行比较,获得直观的区别体验。

以上论述表明,高校体育教学活动结合多媒体 CAI 有非常重要的作用,它能够吸取更多信息和知识,为高校体育教学软件多媒体的发展创造有利条件,同时对改善学生的心理状态也具有重要的推动作用。多媒体 CAI 通过对信息编码进行图像转换,确保高校体育教学的多样化和直观化、形象化发展,有利于学生更好地消化,并激发学生的学习热情。

2.体育教学中多媒体 CAI 的设计原则

体育课件主要由两个结构组成:一是原理教学模式;二是训练教学模式。从体育多媒体 CAI 课件来看,高校体育教学内容和高校体育教学目标是其结构组成形式,并以学生掌握体育的基础知识和基本技术为基础,以不断提升学生的身体素质,加强学生的模仿能力和观察能力的培养为目标。体育多媒体 CAI 课件的组成包括两个部分:一是理论课;二是实践课。

(1)选题原则。不可否认的是,体育多媒体 CAI 有独特的优势和特征,对局限性也要有正确认识。在高校体育教学过程中,不能完全依赖体育多媒体 CAI 课件,而是要充分考虑高校体育的教学条件、教学目标、教学资源的教学任务等,这样才能更加灵活地选择。同时,考虑和其他教学课件的联系并结合使用,发挥各个教学媒体的优势,取长补短,才能确保教学系统的构成更加科学合理和有效。

要充分考虑体育多媒体 CAI 课件设计的价值体现,也就是对是否有必要使用课件的考虑。若采用传统的教学方式能够满足教学目标和教学任务要求,则不需要制作体育多媒体 CAI 课件;若不能直接用语言完整地描述体育教学过程中的重难点,则应该采用多媒体 CAI 课件,这样能够有效地帮助学生理解和掌握。原因在于多媒体课件可以融合多种表现形式,如动画、效果、视频和声音等,从而更好地模拟体育动作,有助于突显体育教学的重难点。

从模拟训练的目标角度来说，多媒体形式对初级训练的效果更为突出。与传统的体验教学方式相比，体育多媒体拥有更好的模拟效果，能够体现各种动作要领和示范标准动作。比如，可以用影像替代危险动作的模仿，或替代周期较长的实验等。

(2)设计原则。

1)结构化分析原则。在设计体育多媒体 CAI 课件时，要遵循一定的结构化分析原则，也就是从系统分析的角度设计体育多媒体课件，分解过程要依据结构要素的组成原则，直到能够完全理解和表现所有要素时，才可以停止分解活动。多媒体 CAI 课件设计过程中应遵循结构化分析原则，有利于清楚地表达出高校体育教学内容的层次性，既可以从系统的宏观上完整地认识，也可以从局部细节上把握。因此，结构化分析可以有效促进体育多媒体 CAI 课件的设计和顺利开展。

2)模块化设计原则。体育多媒体 CAI 课件设计的模块化分析原则是依据结构化分析的框架图要求，一个模块中包括多个相同或相近的内容，并保持模块之间的相对独立性。一个模块就是一个功能，从而形成整个课件系统的结构功能，使结构化编程顺利完成。通过大量实践发现，利用体育多媒体 CAI 课件的模块设计简化了编程的复杂性，并且使课件的制作和风格更加统一和有序化。

3)贯彻教学设计原则。在体育多媒体 CAI 课件的设计过程中，不仅要充分重视理论方法和知识技术，也要注意遵循一定的设计原则和设计方法。高校体育教学结构和内容的设计，既要融合传统的教学方法和教学经验，也要充分发挥出新技术、新方法和新思路的优势，并根据高校体育教学目标和任务设计分析，从高校体育教学现状出发进行有关设计，从而促进课件的适用性和发展性。

4)反馈和激励原则。体育多媒体 CAI 课件的设计应该能够随时随地反馈学生的信息。友好的交互界面也是体育多媒体 CAI 课件的重要原则，可以激发学生的体育学习兴趣，并调整学生的学习状态，改善学生的心理状况，不断提升高校体育教学的效果和质量，充分发挥课件的激励作用。

(3)体育多媒体 CAI 课件的优化。体育教师在开始制作体育多媒体 CAI 课件前，应该明确课件设计工作的重要性。在目前阶段，一些体育教师不能够把握体育多媒体课件的精髓，盲目采用新的科学技术反而会适得其反，改变体育多媒体课件的性质，让其成为展示课件成果的工具。产生这一结果的原因在于没有正视高校体育教学中体育多媒体课件的作用，特别要重视的是，高校体育教学中发挥体育多媒体课件的作用并不关键，只是为了促进学生学习效果和质量的辅助工具。只有更好地设计体育多媒体CAI课件，才能让课件优质化。因此，可从以下方面优化体育多媒体CAI课件设计：

1)可教性。从体育多媒体CAI课件的可教性考虑。不断优化体育课堂教学结构是体育多媒体CAI课件制作的主要原因，也能确保学生拥有更佳的学习状态。因此，要充分认识体育多媒体CAI课件的存在价值，这样才能更好地设计体育多媒体CAI课件。换言之，在开展课堂教学前，应该考虑是否有必要使用多媒体CAI课件，一般情况下，若是课堂教学的目标和任务采用传统的体育教学方法就能实现，则不需要设计体育多媒体CAI课件。因此，体育多媒体CAI课件的内容应选择没有演示实验和演示实验难以做到的内容。

2)艺术性。从体育多媒体CAI课件的艺术性进行考虑。体育多媒体CAI课件的设计，不仅要确保教学效果，还要确保趣味性，并能有效调动学生的学习热情和兴趣。符合上述两项要求，则说明体育多媒体CAI课件具有一定的艺术性，使优秀的内容和形式有机结合。当然，要同时满足两个要求是一件有难度的任务，需要体育教师具备一定美术基础的同时，也要具备一定的审美情趣。体育多媒体CAI课件可以从这些方面体现艺术性特征：要求操作界面具有柔和协调的色彩，搭配具有科学合理性，能够和学生的视觉和心理形成共鸣；采用3D技术更加直观、形象地呈现图像；确保画面的流畅性，防止跳跃、卡顿现象。除了合理搭配音色，还可以辅以一定的配音完善课件的呈现效果。

3)易用性。从体育多媒体CAI课件的易用性考虑。结合高校的具体教学目标、教学任务和教学步骤设计体育多媒体CAI课件。需要特别注意的是，体育多媒体CAI课件运行不能依赖于本机环境，而是应同样在其他计算机环境中适用。因此，在设计体育多媒体CAI课件时，要注意以下问题：

第一，让体育多媒体CAI课件的安装更加简便，并能拷贝和复制。首先，确保体育多媒体CAI课件有较快的运行速度，以免过多的等待造成时间浪费；其次，压缩体育多媒体CAI课件的容量，传统认为体育多媒体CAI课件容量越大越好的观念并不正确，应及时改正。

第二，稳定性是体育多媒体CAI课件运行的重要保障。确保一定稳定性也是体育多媒体CAI课件运行的基本前提和基础，因为在课件操作过程中难免会出现教师的错误操作，以及计算机出现自动退出等状况，对此需要保障课件的稳定性，这样才能避免意外情况发生。

第三，提供良好的操作界面是体育多媒体CAI课件的重要方面。具有明确的按钮和图片是体育多媒体CAI课件设计的重要方面，而且还能通过鼠标操作来完成，需要防止如复杂化的键盘操作的特殊情况出现，此外，还要让体育多媒体CAI课件的各个内容之间能够相互转换，使操作更加便捷。

第四，具有一定交互应答功能是体育多媒体CAI课件设计时需要注意的内容。运用体育多媒体CAI课件时，需要能够及时交互应答，而不能将其设计成电影形式，还要将学生的学作为课件设计的首要任务，引导学生按照从浅至深、从简到难的顺序学习，培养学生的思维能力。

## 第四节“互联网+”视域下高校体育网络教学平台的建设

高校体育网络教学平台的任务同其他平台大致相同，主要围绕教学、科研和自主学习，同时还肩负着宣传本校和宣传体育锻炼的任务。要想提高体育教学的质量和水平，就要充分发挥“互联网+”的作用，从而更好地辅助传统的体育教学方式。目前的体育网络教学平台还处于起步阶段，这就需要各级领导和管理人员在思想和行动上予以重视。

### 一、高校体育网络教学平台的目标

高校体育网络教学平台的目标定位应该为：对外是宣传学校体育，让大众更好地了解高校体育的现状，为全民健身提供更加丰富的体育信息资源，满足全民日益增长的运动锻炼和体育信息需求；对内则是为高校体育教学、科研、训练工作服务，为学校的师生提供更好的体育指导和便捷服务，顺应21世纪新时代的网络教学事业，推动各项体育事业改革的顺利进行。

体育网络教学平台的目标定位显得更为重要，网络教学平台就是构建一个网络化教学环境，在这个环境下把教师和学生两个活动主体有机结合，从而实现教学资源的共享与传播。也为学生自主学习提供一个平台，为学生创造一个良好的网络教学环境，提升网络教学的效率，提高体育网站的使用成效。所以各高校的体育部门要根据自身的特长优势设置网站栏目，充分完善体育网络教学平台，丰富网络教学资源，建设精品课程、开放课程，提高网络课程教学资源，建立专业的学术资源库，充分实现网络资源共享。

## 二、高校体育网络教学平台的功能

高校体育网络教学平台作为高校的一个体育信息网络，就是要为学生服务，为社会服务，为全民的健康生活服务。主要功能是要呈现一个网络化学习的教学平台，如今其他学科的网络教学平台的功能已发挥得淋漓尽致，但体育学科还处于初步发展阶段。

体育网络教学平台要充分利用网络教学的开放性、交互性、共享性的优势，构建一个有助于学生自主进行体育学习的平台，给学生提供丰富的体育网络学习资源，增加学生自主学习、个性选择的时间和空间，创新体育学习方式的改革，为 21 世纪新时代开放式的终身体育教育构建全新的思路。

就用户而言，它为任何愿意获得体育知识和信息的用户提供了学习的机会和平台。便于浏览，便于了解当前体育的实时动态和最新发展，并且还可以通过网络教学平台得到体育专家、健身专业人士以及专业运动员的专业化指导，更好地把体育教学“知识的传递”转变成重视学生创新精神和自主实践能力的培养，由填鸭式教学向自主创新型教学转变，为学生的终身学习、终身体育奠定了良好基础。

## 三、高校体育网络教学平台的结构

体育网络教学平台为用户提供一个更为直观开放性并且有实时交互性的网络学习平台，完全符合现代高校教育发展和改革的方向。既是在校学生自主学习的载体，也是辅助高校体育教学有效的手段。

根据高校体育教学的特点构建的体育网络教学平台，其结构应具备三大子平台：门户子平台（主要包括体育消息资讯的发布、赛事公告、招生消息等，其面对的对象主要是社会大众，对外宣传的窗口，是本校体育部门和外界沟通交流的桥梁）；学习子平台（主要包括课程简介、直播教学、多媒体精品课程、网上答疑、成绩查询等，其面对的对象主要是学生以及有需求的用户）；管理子平台（主要包括学生管理、教师管理、体育考试管理、专项成绩管理等，其面对的对象是后台操作的专业管理人员和制作课件的体育授课教师）。

## 四、高校体育网络教学平台的内容

### （一）体育信息资讯模块

体育信息资讯模块的主要作用就是将互联网和本校最新、最前沿的体育资讯、体育活动资源进行整合。将互联网中的各大体育网站的体育资讯发布在此模块中，使教师和学生轻松获取最前沿的体育资讯，也可以将体育赛事的精彩视频、集锦放在此模块供师生欣赏。同时还要公布本校的体育新闻、赛事信息、阳光体育成绩等。

体育信息资讯模块的服务效果：能够帮助学生了解国内外体育方面的新闻和最新动态，将学生和外界有效衔接，使学生更好地融入体育文化氛围激发学生体育运动锻炼的兴趣和积极性，丰富业余生活，促进大学生身心健康发展。

### （二）体育教学模块

体育教学模块是体育教学网站的核心模块，主要职责是高校体育教学的辅助和资源展示。该模块主要包括课程介绍、教学教材、多媒体课件、精品课程、直播教学等方面。教师可以将自己的课程进行编辑整合上传到此板块，学生可以课前预习或课后复习，提高了学生的自主学习能力。多媒体课件可以弥补教师课堂教授一些高难度动作的不足，随着教师年龄的增加和教师专项的不同，有些项目的高难度动作不能给学生直观地展示动作细节，利用多媒体课件可以对高难度动作进行多媒体动画展示，让学生直观明了地理解和掌握其动作要领。通过直播教学可以实现远程课程学习，同时也可以资源共享，让其他兄弟院校或资源落后地区的学校通过此模块进行同步学习。

体育教学模块的服务效果：能够增加学生体育学习的热情，满足学生的实际需求，增加对体育网站的点击量，符合现代的教育改革，促进新时代高校体育教学的发展；可以节省教学资源、硬件设施和成本，同时又能实现资源共享。

### （三）体育医疗与运动保健模块

体育医疗与运动保健模块主要有体育医疗小常识、运动锻炼的常见突发现象、运动损伤的预防和处理措施、运动后的恢复治疗等内容。在运动锻炼中常见的生理反应有肌肉酸痛、呼吸困难、小腿抽筋等。肌肉酸痛是说明刚开始进行大运动量的锻炼，身体还没有适应，形成乳酸堆积，是一种正常现象，要多做体育锻炼，运动后进行拉伸放松和适当的休息调整，肌肉酸痛感就会消失；在运动损伤的预防和处理措施栏目中，分类介绍总结，其中主要包括伤口擦伤、挫伤、软组织损伤、肌肉拉伤、韧带拉伤、脱臼、骨折、休克等。

体育医疗与运动保健模块的服务效果：为学生提供更多关于常见的运动损伤及运动损伤后的处理手段，给学生提供更多的指导建议。学生通过本模块的学习，可以加强对自身的身体保护和对他人安全的保护。

### （四）健康饮食模块

健康饮食模块是专门为学生量身定做的板块，现在大学生饮食不规律、熬夜成瘾、过分依赖网络，这些都是对身体有严重伤害的生活陋习，这一模块可以让大学生养成健康的生活习惯。内容主要包括：合理的膳食搭配、垃圾食品的成分及危害、选择健康食物的注意事项、各个身体阶段的营养均衡搭配等。

健康饮食模块的服务效果：可以为学生提供合理的膳食搭配，减少盲目的、不健康的饮食，引导学生养成良好的生活习惯，也可以开设回复和交流的功能，为学生提供一个交流分享的平台，使其互相监督，促进良好生活习惯的养成。

# 结束语

随着体育教学改革的深入，体育教学质量得以提高，教学内容得以更新，教学方法得以改进。因此，教师要对高校体育教学进行重新的认识和定位，必须树立正确的教育改革观念和全面的育人观念，并用“学有所用”的教育理念论述这一教学改革的合理性、科学性，用实践检验改变传统体育教学的必要性，提高学生的创造性思维，引导他们面对并适应高校体育教学的现实。

# 参考文献


[1]刘佳，杨辉．体育课程教学论[M]．延吉：延边大学出版社，2017.

[2]张细谦．体育课程与教学论[M]．广州：广东高等教育出版社，2013.

[3]韩兵．辽宁省高校体育文化建设现状与对策研究[J]．哈尔滨体育学院学报，2019，37(06)：71—75.

[4]高小平，崔成前．高校体育文化育人功能与建设路径研究[J]．江苏高教，2019(10)：97—101.

[5]冯家琦．山西省高校拓展训练对大学生体育素养培养的影响研究[D]．太原：山西农业大学，2019：32—35.

[6]马胜永．我国高校体育开展拓展训练课程教学研究[D]．曲阜：曲阜师范大学，2009：35—39.

[7]葛树兵．大学生态体育教学模式构建路径思考[J]．中华少年，2017(18)：309.

[8]孙彩红．学校生态体育的开发与教学模式的构建研究[J]．当代体育科技，2017，7(07)：133.

[9]安淑平．后现代主义视野下的高校体育教学评价研究[J]．田径，2017(12)：21—22.

[10]周盼．湖南省普通高校体育教学中体育文化建设的缺失和改进路径[D]．长沙：湖南师范大学，2018：10—12.

[11]张剑峰，高绪秀．高校开设拓展训练课程的必要性、可行性[J]．体育科研，2010，31(02)：91—94.

[12]万宏伟，王腊姣．高校体育课中开展拓展训练的实践研究[J]．武汉体育学院学报，2014，48(04)：93—96.

[13]杜放，张守伟．我国高校体育文化建设的审视与考量[J]．体育文化导刊，2014(07)：141—144.

[14]荀盛龙．我国高校体育社团在高校体育文化建设中的作用[J]．体育世界(学术版)，2018(12)：63＋60.

[15]王文.高校体育文化环境育人功能及实现路径[J].体育文化导刊,2018(05):99－102＋146.

[16]杨玲,陈红刚,王伟明,宋经保.高校体育文化教育的保障机制[J].体育学刊,2016,23(03):116－122.

[17]朱奇志.高校体育文化对大学生社会化影响探究[J].民族教育研究,2016,27(01):31－35.

[18]杨玲.高校体育文化“三位一体”教育模式构建[J].北京体育大学学报,2015,38(01):87－93.

[19]张枝尚.高校体育教学评价的现状及发展走向研究[J].赤峰学院学报(自然科学版),2015,31(05):210－211.

[20]席羽.新教学理念下高校体育教学评价实施现状的研究[J].教育现代化,2016,3(05):186－187＋192.

[21]李华.论正确处理高校体育教学的五个关系[J].教育探索,2012(8):74－75.

[22]谢乾.高校体育教学融入社会主义核心价值观管见[J].学校党建与思想教育,2016(15):80－82.

[23]张磊,姜涛.构建我国区域高校体育教学联盟的思路[J].体育学刊,2008,15(10):58－61.

[24]赵京华.基于建构主义理论的高校体育教学改革[J].江苏高教,2008(6):88－89.

[25]李凌.试论高校体育教学与心理健康教育[J].西安体育学院学报,2000,17(2):82－84.

[26]林辛.关于高校体育教学中自主学习的实证研究[J].东南大学学报(哲学社会科学版),2006,8(4):115－117.

[27]崔秋萍.对高校体育教学模式的思考[J].重庆工商大学学报(西部论坛),2005,15(z1):201－202.

[28]殷和江.翻转课堂对于我国高校体育教学的启示研究[J].福建茶叶,2020,42(3):181.

[29]王安平.网络环境下的高校体育教学模式探析[J].电化教育研究,2008(4):72－74.

[30]吴笛.探索茶文化影响下的高校体育教学改革路径[J].福建茶叶,2020,42(10):210－211.

[31]李汉涛,邹德明.高校体育教学现代化研究[J].南京体育学院学报

(社会科学版),2008,22(3):110—113.

[32]吉灿忠,姚贞光.论高校体育教学改革的社会化取向[J].成都体育学院学报,2005,31(3):98—101.

[33]吴红群.交往教学理论对高校体育教学的启示及其应用[J].体育与科学,2008,29(4):95—96.

[34]张安君.高校体育教学的反思与建议[J].中国成人教育,2007(19):170—171.

[35]张涛,李全军.论高校体育教学改革与终身体育[J].成人教育,2004(2):73—74.

[36]刘德新.对高校体育教学改革的思考[J].职业技术教育(教学版),2005,26(32):17—18.

[37]董英辉.高校体育教学中的学生心理素质训练途径探究[J].湖南师范大学社会科学学报,2013(z1):310—311.

[38]许方龙,宾洲.高校体育教学中开展野外生存教育的可行性[J].上海体育学院学报,2003,27(5):95—96..

[39]陈红霞,赵刚.知识超市化与高校体育教学改革[J].武汉体育学院学报,2001,35(6):131—132.

[40]齐骥.拓展高校体育教学项目的实践探索[J].继续教育研究,2017(9):116—117.

[41]张进武,金慧惠,颉梦宁.普通高校体育教学内容的改革与探索[J].教育探索,2007(9):44—45.

[42]张舒畅.高校体育教学中提升大学生职业体能的实践研究[J].现代教育科学,2020(3):117—122.

[43]雷继红,贾进社.我国高校体育教学模式现状及其发展趋势[J].西安体育学院学报,2006,23(3):109—111,130.

[44]张金国.在高校体育教学中开设拓展训练课程的研究[J].武汉体育学院学报,2006,40(10):100—103.

[45]陈凯,王汉臣.高校体育教学中的素质教育探索[J].高等农业教育,2010(7):70—72.

[46]孙再玲,翟立武."以人为本"教育观对高校体育教学改革的启示[J].体育学刊,2003,10(1):81—82.

[47]黄敏,陈英军,李亚莉.人性化视野下高校体育教学改革的现状与展望[J].体育学刊,2011,18(5):78—81.

[48]张得保,刘四.对普通高校体育教学俱乐部实施双语教学的探究[J].武汉体育学院学报,2006,40(8):95—97.

[49]谢小平,梁徐静.文化生态系统视角下高校体育教学评价的反思[J].广州体育学院学报,2016,36(3):117—120.